中华文化丛书

诸子的生活世界

Zhuzi De Shenghuo Shijie

曾海军／著

罗慧琳／绘

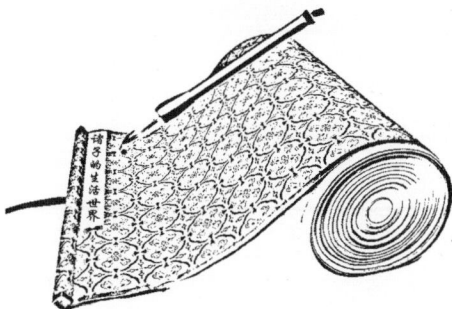

四川辞书出版社

图书在版编目（CIP）数据

诸子的生活世界 / 曾海军著；罗慧琳绘. — 成都：
四川辞书出版社, 2018.1
（中华文化丛书）
ISBN 978-7-5579-0143-1

Ⅰ.①诸… Ⅱ.①曾… ②罗… Ⅲ.①古代哲学—中
国—通俗读物 Ⅳ.①B21-49

中国版本图书馆CIP数据核字(2017)第039230号

诸子的生活世界
ZHUZI DE SHENGHUO SHIJIE

曾海军　著
罗慧琳　绘

责任编辑	李婷玉
封面设计	范春燕
版式设计	王　跃
责任印制	肖　鹏
出版发行	四川辞书出版社
地　　址	成都市槐树街2号
邮政编码	610031
开　　本	880mm×1230mm　1/32
印　　张	7.75
制　　作	成都华林美术设计有限公司
印　　刷	成都国图广告印务有限公司
版　　次	2018年1月第1版
印　　次	2018年1月第1次印刷
书　　号	ISBN 978-7-5579-0143-1
定　　价	35.00元

发行部电话：（028）87734281　87734332

读者眼前的这本《诸子的生活世界》，其实是一本哲学书，叙述的是"诸子百家"时期的哲学思想。与通常的哲学研究著作或哲学史教材不一样，我撰写的这本小册子以典故为题材，行文以趣谈的方式展开，是一本通俗的哲学读物。当然，这算不上很稀奇，典故趣谈的形式也不是没有过。我并不是在依靠通俗来吸引眼球，而恰恰是想提醒读者，这本具有通俗形式的小册子，毕竟是一本哲学书。何况通俗也是因人而异的，不管我如何力求生动活泼，也不能保障所有读者都能获得愉悦的阅读体验。甚至恰恰相反，在这本小册子中，我依旧追求立场上的一贯性，亦不忌讳价值上的鲜明性，而鲜明的价值立场容易招致现代人的不适。因此，准确说来，这是一本虽通俗却具有鲜明价值立场的哲学书，敬请留意。

在这本小册子中，我选取了晚周诸子时期一共十八个典故，其中既有比较常见的典故，如"坐怀不乱""庄周梦蝶""相敬如宾"之类，是人们耳熟能详的；也有一些是由我找到并命名的，如"邓析安人""戎夷叹道""墨子执鬼"之类。典故不一定力求新颖，但解读确保原创；在行文上力求通俗易懂，但一定不在学术的严谨性上打折扣。十八个典故分上、下两篇，上篇是专题性质，分别与哲学、财富、技术和义利等主题相关，每两个典故形成一个专题，共八个典故；下篇构成某种系统性，从自我问题出发，经父子、夫妇、朋友三伦，延展到家国、人禽、人鬼及人与命运，是由近及远的推扩关系，亦有八个典故。又，上篇的第一个典故与下篇的最后一个典故形成照应，分别作为全书的开头和结尾。十八个典故之间前后衔接，并非随意安排，但每个典故又保持着相互独立，不影响分别阅读。

讲哲学有很多种可能的方式，第一个典故"曳尾涂中"以文质关系为主题，是由于我打算从人文素质这个角度来讲哲学。每一个人都希望自己是一个高素质的人，但很多人都觉得身边的人素质太低。这就说明，光有提高素质的愿望是不够的。我撰写的典故趣谈着眼于人文素质的提高，虽不可能立竿见影，却也为有心人提供了一种可能性。借"曳尾涂中"这一典故讲明"有文无质"固然糟糕，而"存质去文"也会很有问题，只有孔子所言"文质彬彬"，才能表达出人文素质的完整意思。第一组典故"邓析安人"和"知鱼之乐"，与"哲学"这一主题相关，或者更具体地说，是为了讲明哲学

上的情与理这一对关系。我们对哲学的印象，通常都是与观念范畴和逻辑推理相关，但实际上，名家的邓析虽然表现出优秀的分析能力，却显得毫无社会责任感，这未必就是哲学的，至少不是好的哲学。而惠施更是极擅长辨名析理，对于庄子所叹知鱼之乐，一定要追问一个"怎么知道"。这诚然可以是哲学的，但庄子的情怀就不够哲学吗？通过对这一组典故的分析是想表明，哲学可以"明理"，亦能"达情"。非哲学专业出身的人一般没接受过专业的哲学理论，但谁还没有过一些生活感受或社会情怀呢？我所期待的是，读者可以带着自身的感受或情怀走进这本典故趣谈，在阅读过程中不断地端正感受或丰富情怀，如此提高人文素质就成为可以期待的了。

　　典故"晏子为齐相"和"坐怀不乱"作为一组，构成"财富"这一专题。确定这一专题的理由是，如我在文中所言，"所谓修身养性，通俗地讲，就是无论贫贱、富贵都能不萦怀于胸而以平常心待之"，这正是在这个物质繁荣的社会里，特别需要提高的人文素质。前一典故借晏子为人低调的形象，讲明应该如何对待自身所可能遭遇的贫富问题，尤其是要正确理解财富于人究竟意味着什么。如果我们只是将财富理解为私有财产，这是非常狭隘的，也注定摆脱不了因贫富所可能带来的问题。后一典故借柳下惠的诚信品格表明，商业社会的"信用"只是解决了财富积累问题，而树立人品还得靠"诚信"。"信用"重在"用"字上，财富不可谓无用。但被财富之用所蒙蔽，就不可能处理好人与财富的关系。当然，这一典故也可以说是以"诚信"为主题。

技术是现代社会无可逃避的宿命，不管我们是否愿意面对，反正都是被技术所包围着。"胸有心机"和"墨子论巧"就是有关"技术"的两个典故，前者出自《庄子》，表达出对技术的警惕；后者出自《墨子》，显示出对技术的定位。作为思想家，庄子和墨子的思想旨趣完全是针锋相对的，在对技术的问题上也不例外。庄子推崇技艺的闲适与自在，反对机械的有用性；墨子推崇机巧的生产性，反对巧匠的炫技或耍酷。两人各有所长，庄子追求的是个体在身心上的无碍无待，而墨子关怀的是百姓在生活上的饱食暖衣。他们留给现代人在技术问题上的启示是，技术不能分离身心而沦为欲望上的算计，而必须关怀百姓的福祉。现代社会的技术问题层出不穷，论其要亦不出此二者。如何恰当地把握与技术之间的关系，同样能体现我们人文素质的水平。

接下来的一组典故"戎夷叹道"和"止楚攻宋"，与"义利"这一主题相关。义利之辨实是中国哲学的根本问题，却往往为现代人所轻视。很多人早已失去了

区分义与利的意识，这是我们的人文素质难以提高的要害。戎夷的救人举动貌似高尚，实则隐藏着危险；墨子的止战事迹看似伟大，其实包藏着错误。两人的共同问题就在于以利为义，或者更具体地说，就是以公利为义，以私利为不义，这正是现代人所犯的通病。通过对这一组典故的分析，揭示出以利为义的危害性，有助于认清义利之别的重大之处，更能唤醒一定要区分义利的基本意识。可以说，区分义利是提高人文素质的基础。

以上九个典故是上篇的专题内容，从下篇开始，各典故之间形成某种系统性。提高我们的人文素质，离不开这种具有系统性的精神资源。下篇从自我问题开始，这符合哲学的典型特征，据说哲学往往就是从"我是谁"以及"从哪里来""到哪里去"这样的问题开始的。"庄周梦蝶"这一典故大概就是在琢磨这类问题，当庄子无法分清是他做梦变成了蝴蝶，还是蝴蝶做梦变成了他时，"我是谁"的问题就发生了。庄子总是具备非常敏锐的问题意识，我们在生活中很容易被自我的角色或身份所固化，甚至出现自我迷失和异化，都可以在庄子的问题意识下受到启发。当然，我们不一定要遵循庄子的教导，以最彻底的方式来瓦解自我。依孔子的生命历程，一种真实的自我是可以成就出来的，这就离不开父子、夫妇、朋友这样的人伦关系。

"窃负而逃"的典故是关于父子一伦的，讲的是假设舜为天子时，舜的父亲瞽叟杀了人，作为天子的舜应该怎么办？这是一个极端的事例，针对这一事例的分析，不是要表明如何应对这种极端的情形，而是要揭示父子之情所包含的伟大力量，由此在平常生活中也能体会到父子一伦的巨大价值。接下来"相敬如宾"的典故是关于夫妇一伦，"高山流水"的典故是关于朋友一伦。前者是基于男女有别的夫妇关系，后者是基于雅趣相投的朋友关系。通过对这两个典故的分析，可以让我们对夫妇关系有更深刻的理解，对朋友关系有更准确的把握，从而有助于我们从容应对，体现出越来越高的人文素质。

自人伦关系之后，首先是进入人与社会或国家的关系。通过"鲍焦立枯"的典故是想表明，人与身边的社会或者是自己的国家之间，不能通过划清界限来撇清关系，社会或国家的好坏，与我们每一个人都是有关系的。其后是人与禽兽的关系，通过"君子远庖厨"的典故来表达。现代人高度关注人和动物之间的关系，尤其是动物保护主义者表现得特别敏感，但他们的很多观念是有问题的。孟子所表达的"见其生不忍见其死，闻其声不忍食其肉"，可以为恰当处理好人与动物之间的关系提供借鉴。再后是人与鬼神的关系，"墨子执鬼"的

典故直接与此相关。墨子主张有鬼神而对儒家的立场表示不服，他说儒家不承认鬼神是存在的却又要搞祭祀，根本就不科学。但墨子的鬼神观过于"朴素"，对于人与鬼神的关系，还是孔子的"未能事人，焉能事鬼"更具有思想价值。

最后是人与命运的关系。鬼神或许尚有形迹，命运只是冥冥中的力量，人在天地之间的关系推及至此而止。庄子在"鼓盆而歌"的典故中说，生死之间的更替原本就是很自然的事，搞得哭哭啼啼的，就是不通"命"的表现，这就涉及对"命"的理解。但"死生有命，富贵在天"，还只是"命"的一个方面。儒家区分"性"与"命"，人与命运的关系应该置于"性命"或"生命"中来理解。懂得了儒家所阐发的"性"或"生"，也就真正懂得了"命"。这对于提高我们的人文素质，"岂曰小补之哉"，其助益非同小可！

最后一个典故"孔子之贤"，与第一个"曳尾涂中"形成照应，庄子提出的问题意识，必归于孔子之圣域。庄子身处周衰文弊之世，必须反动于"有文无质"的危局，而以"存质去文"的方式救治之。庄子的这种极端手法显然不合适。孔子之贤其实是以现身说法表明，"文质彬彬"是真实可追求的生命历程。这使得我们提高自身的人文素质获得了真实可靠的依据——不在彼岸，不在来世，就在此生此世，以全副的身心投身于其中。

这是一本哲学书，是一本具有鲜明价值立场的哲学小册子，其实也就是一本儒家伦理普及读物。我通过分析晚周时期的十八个典故，展示诸子的生活世界当中，那充满睿智与高洁、温情与正直、卓越与不朽，同时也不乏机辨与巧饰的真实经历。但这种分析与展示不是为了给读者增添情趣或丰富掌故，而是始终统摄在一贯而系统的儒家立场上。我并不指望能获得所有读者的认同，但求可以更多地发人深省、引人深思，则不枉为这种通俗性所付出的心力与辛劳。

川大儒门中的罗慧琳为这本小册子精心配图，极大地增添了阅读体验上的生动性和趣味性。她出身建筑设计，却钟情于儒家学问，能找到这样一位既有心阅读和体会，又擅长于构图绘画的同道者来共同合作，实是一大幸事。儒家哲学研究方向的张洁同学为本书所引用的文献做了细心的校对，在此对她付出的辛劳深表感谢！

曾海军

2017年5月

目录

【目录】

9

诸子

的生活世界

上·篇

曳尾涂中

YE WEI TU ZHONG

庄子钓于濮水，楚王使大夫二人往先焉，曰："愿以境内累矣！"庄子持竿不顾，曰："吾闻楚有神龟，死已三千岁矣，王巾笥而藏之庙堂之上。此龟者，宁其死为留骨而贵乎？宁其生而曳尾于涂中乎？"二大夫曰："宁生而曳尾涂中。"庄子曰："往矣！吾将曳尾于涂中。"①

①《庄子·秋水》。为了更好地表达哲学思想，下一段文字或非直译。后同。

庄子蔑视权贵，这差不多是众所周知的事。他不愿意入朝为官，这自有他的道理。估计那个时候请庄子出山的人还挺多的，可他是一律说不，而且有时候说得还挺拽的。比如在这个故事中，楚王派两位大夫去请他时，他正在水边垂钓。敢情有外人请见的时候，高人们总是在垂钓啊。这两位大夫见着庄子后，很客气地对他说："我们君王想将治国的这些个俗务劳驾您一下，让您受些累。"可庄子只顾盯着他的渔竿，连正眼都不瞧他们一下，就说："我听说你们楚国有一只活了三千年的神龟，死后楚王用绸缎包着放在竹匣中，珍藏在宗庙的堂上供奉着。那你们说，这龟是愿意这么死后被高高供着，还是宁愿拖着尾巴挣扎在泥水里活着呢？"那两大夫齐声说："当然是宁愿在泥水中活着。"庄子立马回应道："那你们还不赶紧走人，我也只想这样在泥水里挣扎着多活几年呢！"

一

还真别说，庄子将自己比作那只拖着尾巴挣扎在泥水中的神龟，显得特别形象。庄子一生困窘，常常是吃了上顿没下顿，身上也穿得破破烂烂的，虽说心里向往的是在水里自由自在游着的鱼，而现实当中却是一副挣扎在泥水中的样子。按我们的常理来想，庄子都穷成这样了，为什么就不能依靠做官拿点俸禄，好让自己过得宽裕一点，或者是体面一点呢？按常理出牌的庄子那就不叫庄子了。我们是想说，那个时候拒绝做官的人好像还挺多的，而拒绝做官的理由大同小异，基本上是不愿与昏君同朝，或与小人为伍；可庄子的理由不一样，他

没有这个意思。也是，泯灭是非原本就是庄子的思想主张，他可不想分出什么明君与昏君、君子与小人来。按庄子那意思，入朝为官虽说可以享荣华富贵，可那是表面上的光彩，内心里却毫无生机可言。而像他现在这个样子，虽说家里穷得揭不开锅，但还有生命活力。庄子这一意思也不是说完全不可理喻，即便按今天的生活经验也能理解，官场上的人情世故容易让人失去生机，而平常人的生活虽说没那么风光，却也乐得快活自在。可庄子不是平常人，这种生活经验照应不了他，而我们平常人也未必能领会得了他的真精神。别的不说，生活既然如此艰难，还怎么能保持生机盎然呢？高人的思想境界总是不太好懂的。不过，庄子树立起这样一种鲜明的对照——外表光鲜亮丽却没有生机与内心充满活力却蓬头垢面，却是特别值得玩味的。

这两者之间的对照，可以结合另外一个故事来看。据说孔子去见一个叫子桑伯子的人，此人经常袒胸露背示人，或者就是衣衫不整，一副邋遢相。有弟子对老师去见这种人感到十分不解，孔子就解释说："这人品性非常好，

【曳尾涂中】

就是太不讲究，没一点规矩。我去见他就是想说服他要庄重一点，不要搞得这么随便。"孔子见完离开之后，子桑伯子的门人又不高兴了，无法理解老师怎么会见这么一个衣冠楚楚的人。子桑伯子只好解释说："这人品性特别好，可就是太讲究，规矩太多，我见他就是想说服他不要搞这么复杂，人活着越简单越好。"②在这个故事中，孔子与子桑伯子在衣着讲究和邋遢之间，貌似各执一端，与庄子借助于神龟所塑造出来的鲜明对照，很明显有着高度关联。孔子批评子桑伯子是"无文"的表现，这就像那只曳尾涂中的乌龟，哪怕是藏身泥水之中，也总比死后在那高高供奉着要强。反过来，子桑伯子批评孔子是"文繁"的表现，则像那只死去的神龟，看起来包装精美、珍藏于祖庙之上，却早已丧失了生命的活力。庄子要树立起这样的鲜明对照，不妨联系"文质"观念来理解。

② 孔子见子桑伯子，子桑伯子不衣冠而处。弟子曰："夫子何为见此人乎？"曰："其质美而无文，吾欲说而文之。"孔子去，子桑伯子门人不说，曰："何为见孔子乎？"曰："其质美而文繁，吾欲说而去其文。"（《说苑·修文》）

二

　　庄子作为道家思想的代表人物，坚定地

站在反"文"的立场上。一切文饰的东西，都在庄子的反对之列，也就是说，任何文饰都是没意义的。庄子通过彻底反对"文"而坚决捍卫"质"，这是他用神龟打比方的思想主旨。宁愿活着挣扎在泥水中，也不愿意死后被高高供奉，前者是有其质而无其文，后者是有其文而无其质，庄子旗帜鲜明地选择了前者。听起来，庄子的选择有点"好死不如赖活着"的意思。虽然身处底层，活得很窝囊，但好歹也得活着，不是吗？恐怕不是。可别忘了，庄子是在什么情境中打这一比方的。当有国君对他许以高官厚禄的时候，他却坚持要过那种吃了上顿没下顿的日子。这才是庄子的风格，像他这种超凡脱俗之人，怎么可能沾染上"好死不如赖活着"的味道呢？庄子用神龟死后的形象是比喻高官厚禄时的情景，可这在我们看来，分明是享受荣华富贵的"好活"啊。这大概就是眼光有差距。在庄子的眼里，什么高官厚禄，什么荣华富贵，都是戕害人心、束缚自由的东西。表面上虽说高高在上，风光得很，可庄子觉得，那就是神龟死后的生活写照。庄子是高人，看出的东西不一样，这并不奇怪。可是就

上篇

【曳尾涂中】

7

"文"与"质"而言，庄子通过这一比方，把两者之间的关系搞成针锋相对的样子，这个必须得"奇怪"一下。

在"文"与"质"之间的关系上，孔子有过一个表达③，与庄子这个神龟的比方，倒是特别能照应上。孔子所说"文"出现偏胜而大大超过"质"的情景，正可以用庄子所言被高高供奉的神龟来描述；所说"质"出现偏胜而大大超过"文"的情况，则可以用庄子所言挣扎在泥水中的乌龟来表达。不过，孔子以为，这正是两种需要克服的情形，只有"文"与"质"之间相互不偏胜，而是文质相称才是最好的状态，即所谓"文质彬彬"的君子是也。这意思就好懂了，相当于是说，在庄子打的这个比方中，死后被供奉的神龟固然不好，可在泥水中挣扎着活也不好啊。奇怪的是，庄子为何只说这两种非此即彼的选择呢？要么是死后的光鲜，要么是活着的卑污，人只能在这两者之间做出取舍吗？庄子反"文"并非不可理解，无论是过度的装扮，还是根本就不合适的文饰，都可能伤害人质朴的心灵。没有天生丽质，就容易流于浓妆艳抹；缺乏威武霸气，

③ 子曰："质胜文则野，文胜质则史。文质彬彬，然后君子。"（《论语·雍也》）

就容易陷入炫富显摆。那宁愿坐在宝马车里哭的女人，没有灵魂，缺少品质，用不着庄子教导，我们都知道坚决抵制。庄子捍卫"质"就更好理解了，涂脂抹粉总是好看不过天生丽质。子夏曾向孔子请教说："《诗经》中描述顾盼神飞的美貌女子，说是绚烂离不开丽质。这个是什么意思？"孔子回答说："画画还得先有白色的底子，何况一个人呢？"④没有谁会否认"质"的意义，只有那宁愿坐在宝马车里哭的女人例外。庄子故意设这么一个两难之局，要么蓬头垢面地蜗居着笑，要么富丽堂皇地坐在宝马车里哭，只会将越来越多的人逼向后者，因为平常人学不了庄子，学那在宝马车中哭的女人还不容易么？

④ 子夏问曰："'巧笑倩兮，美目盼兮，素以为绚兮。'何谓也？"子曰："绘事后素。"（《论语·八佾》）

三

庄子以神龟之喻，只是表征出了"文"与"质"之间两种极端的对峙关系，人怎么可能就在这两者之间做出取舍呢？人不但要充满生机地活着，还要活得够体面、活得有尊严，这种体面或尊严，在相当程度上需要通过文饰来体现。鱼儿游在水里是自由自在、可人要是不小心掉水里，那就成落汤鸡了，那种斯文扫地或狼狈不堪，不是谁都可以在庄子的教导下，依靠内心的强大来克服的。只有回家换上干净的衣裳，穿戴得整整齐齐的，才可能重拾斯文，唤回一种体面。"文"离不开"质"不消细说，"质"同样离不开"文"。试想一下，即便像毛嫱、西施这样的天下美女，如果让她们口里咬只死老鼠，身上披张刺猬皮，手上还缠条死蛇什么的，不管说成什么样的行为艺术，我们平常人见着那还不得恶心死了。⑤恰当的、有分寸的文饰，不但不会伤害人的质朴，更有助于滋养人的品质，文质之间根本不需要对立着来说。要么是活着的卑污，要么是死后的光鲜，庄子故意制造出这两难选择。他倒是超群绝伦，坦然地选择了前者，却让我们这些凡夫俗子感到很难堪，似乎不跟着他活在泥水中，就成了舍不得荣华富贵的势利小人。如果我们既拒绝神龟死后的光鲜，亦不接受活在泥水中的挣扎，就没有其他可能性了吗？这是庄子使的障眼法，我们不能上了他的当，只需将这个比方稍微调整一下，变成"要么蓬

⑤今夫毛嫱、西施，天下之美人，若使之衔腐鼠，蒙狸皮，衣豹裘，带死蛇，则布衣韦带之人过者，莫不左右睥睨而掩鼻。(《淮南子·修务训》)

头垢面地笑，要么富丽堂皇地哭"，就会发现在这之间还有很多种生活的可能性。我们坚决抵制宁愿坐在宝马车里哭的论调，但并不意味着就活得那么不堪。至少可以讲究穿戴整齐、衣着整洁什么的，一定不会降低人品。肯定还是应该以"文质相称"为追求目标，而不是在"有文无质"与"有质无文"之间做选择。

按理说，庄子作为思想高手，对于要兼顾文质、文质相称什么的，想必也超不出他的视野，可他为何要置之不理，一定要坚持"存质去文"呢？这是由于，庄子压根儿就不信任人的文饰。当我们看到文饰所具有的价值时，庄子完全不以为然。在他的法眼中，我们看到的文饰的"好"，不过是短暂的、靠不住的。我们才说一个略施粉黛，庄子就看到了浓妆艳抹；才说一个穿戴整齐，他就看到了装腔作势。既然任何文饰都阻挡不了陷入文过饰非的反面，庄子的应对之策就是：为了防范这种流弊而彻底弃绝文饰。庄子身处晚周衰世，文弊积重难返，其激烈反对文饰的主张脱不开这一时代背景。但这种釜底抽薪的手法是有问题的，不但没有给"文"留下任何机会，还更加

【曳尾涂中】

伤害到了"质"。庄子是高人，即便活在泥水中挣扎，也能保持内心的高洁。要是换了普通的百姓，也能指望仅仅依靠强大的内心就能守住质朴之性？也许对于庄子而言，由于出现了衣冠禽兽，就干脆弃绝衣冠。但对于我们普通百姓而言，要是连衣冠都没了，就很可能禽兽不如。虽说文饰极易陷入流弊，但更主要还是成就了"质"的积极作用。文质之间相互不可缺失，正是"合之则两美，离之则两伤"的关系。虽说恰当把握文质之间的分寸是件高难度的事，尤其两者之间"文质彬彬"的状态，更不是一般人能达到的。但成就人之为人的历程，注定得在这两者之间来把握，弃绝任何一方，都背离了成人之义。

四

实际上，庄子弃绝文教的极端手法影响深远，后世呼应者甚众。尤其是在那种礼教森严的统治时期，很多才华横溢之人，更是容易醉心于恣意汪洋的庄学，反抗礼教的压迫，却又往往导致文质俱失的恶果。魏晋时期的"竹林

潜口的生活世界

七贤"，主要是以庄学为精神资源，其中的阮籍就以"不拘礼教"著称。他有不少故事流传下来，都在讲他如何极尽反礼教之能。比如邻居家有一美少妇做酒吧老板娘，他经常到酒吧喝酒，喝得酩酊大醉，就躺在吧台旁，在老板娘身边呼呼大睡。起初男老板非常郁闷，后来才慢慢习惯。还有一次，有一户人家的女儿可谓是才色双全，尚未出阁却不幸早夭。阮籍跟这户人家八竿子打不着，谁也不认识，却跑到灵堂前大哭一场，这让人家姑娘生前的清白哪还说得清？阮籍故意这样做，只是为了对抗礼教中的男女之防，就像他嫂子回娘家时，他要跑去跟人家亲热地话别一样，无非就是想告诉别人，他连叔嫂之间的男女防线都能跨越。更为极端的是，他在母亲丧葬之礼上表现出的病态。他母亲去世的时候，当时正在与人下棋的他，听到这一消息居然故作镇定，强行拉着人家将棋下完。实际上，他是至孝之人，下完棋回去后，他疯狂饮酒，口中哀嚎，吐血不止。母亲下葬的时候，他边喝酒吃肉，边痛苦哭诉，最后又是哀嚎吐血，差点丢了性命。[6]阮籍为了反抗礼教，最后搞成这个样子。不管他

⑥籍虽不拘礼教，然发言玄远，口不臧否人物。性至孝，母终，正与人围棋，对者求止，籍留与决赌。既而饮酒二斗，举声一号，吐血数升。及将葬，食一蒸肫，饮二斗酒，然后临诀，直言穷矣，举声一号，因又吐血数升。毁瘠骨立，殆致灭性。……籍嫂尝归宁，籍相见与别。或讥之，籍曰："礼岂为我设邪！"邻家少妇有美色，当垆沽酒。籍尝诣饮，醉，便卧其侧。籍既不自嫌，其夫察之，亦不疑也。兵家女有才色，未嫁而死。籍不识其父兄，径往哭之，尽哀而还。（《晋书·阮籍传》）

【曳尾涂中】

13

心里饱含多少苦楚，但这样刻意而为，不光影响恶劣，最终也害了自己。别的不说，就这样随随便便躺在美女老板娘身边，阮籍是可以做到品行端正，不出问题，但总不能让所有人都去经受这种考验吧。这种极端行为一旦影响到整个社会风气，后果不堪设想。

阮籍极端反抗礼教，完全是秉承了庄子彻底反"文"的精神。他凭着一己淳厚之性，处处与礼教作对，看起来只是为了反"文"，最终必定会伤害到"质"。"竹林七贤"之一的刘伶经常喝酒发疯，放荡不羁，居然在房里脱光衣服玩起了裸奔。这大概算得上是今天这个网络时代玩裸奔的鼻祖。别人到他家见了讥讽他，他还振振有词地说："我是以天地为屋宇，以房间为衣裤。你们为什么要跑我裤裆里来？"⑦"竹林七贤"反抗文教，到了刘伶这里，可谓是文质俱丧，还有什么品行可言？"文"若扫尽，"质"必不存，这是庄子的曳尾涂中所不可阻挡的结局。

⑦刘伶恒纵酒放达，或脱衣裸形在屋中。人见讥之，伶曰："我以天地为栋宇，屋室为裈衣，诸君何为入我裈中！"（《世说新语·任诞》）

【曳尾涂中】

邓析安人

DENG XI AN REN

洧水甚大，郑之富人有溺者，人得其死者。富人请赎之，其人求金甚多，以告邓析。邓析曰：“安之。人必莫之卖矣。”得死者患之，以告邓析。邓析又答之曰：“安之。此必无所更买矣。”[1]

①《吕氏春秋·离谓》。

邓析是名家的思想人物，大概可以理解为他那个时代的公共知识分子。这个故事讲的是，当时有一条叫洧水的河流洪水泛滥，一个出身大户人家的人不幸溺水身亡，尸体被别人打捞到了。大概是看中了大户人家的这一背景，捞尸者挟尸要价，想趁机发一笔死人财。只是没想到这大户人家也抠门得很，不愿意花这大价钱，就找到这当时的公共知识分子邓析，想要他帮忙出个主意。邓析用他特有的名家头脑安慰说：“你别着急，人家手头捞的尸体不卖给你还能卖给谁呢？”这富人一听，如梦初醒，于是就放宽了心，等着捞尸人来找他。这可急坏了捞尸人，他的时间可耗不起，

【邓析安人】

赶紧也来找邓析出主意。好家伙，这邓析又用名家的智慧安慰说："你也悠着点，人家不从你这里买尸体又能从哪里买呢？"

一

这个故事尽管发生在两千多年以前，但里边的情节却听着如此地耳熟。看来媒体经常曝光的挟尸要价真不是一个现代性事件，而是古已有之。在这一恶劣的事件里头，关键的因素——用今天的话说，就是吸引眼球的地方——在于挟尸要价。面对别人家遭遇亲人不幸溺水的巨大痛苦，居然有人如此麻木不仁，在那里挟持尸体漫天要价。这种恶劣的行径如果在今天的网络上曝光，这种人十有八九会被砖拍死、被口水淹死。在我们的故事中，"得死者"便是这种货色，其行径实属恶劣。其实里面的"富人"也未必就不可恨。故事特别强调"富人"的身份，显然是有用意的。虽说并没有交代"得死者"要价多少，"富人"的身份就是意味着付得起这个价钱。如果生怕多掏了一分钱，而忍心让死者不得安葬，这同样是

让人心寒的表现。

不过，这个故事其实既不针对"得死者"，亦不针对"富人"，而主要是把矛头指向邓析。在思想史上，邓析不过就是一个喜欢颠倒黑白、搬弄是非的人。据说，他可从来都是觉得，凡事无所谓可与不可，也没有什么好坏、善恶之分。他甚至教唆百姓把好的说成坏的，错的说成对的。老百姓还觉得挺好玩，感到欢欣鼓舞，国家却因此乱了套，于是当时的执政者子产把他给处死了，而且是车裂之刑。[2]现代人也许会觉得接受不了，邓析固然是不该搬弄是非，但至于处以这种极刑吗？邓析是否该处死，这个问题显得过于重大，未必是所有人都面对得了的。还是回到邓析安人这个故事上来，如何看待他分别替"得死者"和"富人"出的主意？邓析在处理这种纷争过程中，确实充分体现出了他的专业水准。这种主意显然不是一般人能出得了的，片言只语就能令双方茅塞顿开，真是让人不服不行。因此，要说邓析无愧于名家思想的代表人物，这个是没问题的，但谁要是说邓析在这一纷争中不偏不倚、保持了客观公正什么的，那就问题太大

【邓析安人】

[2]以非为是，以是为非，是非无度，而可与不可日变。所欲胜因胜，所欲罪因罪。郑国大乱，民口喧哗。子产患之，于是杀邓析而戮之，民心乃服，是非乃定，法律乃行。（《吕氏春秋·离谓》）

了。实际上，在这一故事当中，作为当时的个公共知识分子，邓析安人的表现是十分恶劣的，除了能看到他的专业水准之外，其他的什么都看不到。哪怕是作为一个普通人基本的同情心都付之阙如，遑论作为知识分子所必须具备的是非判断和正义关怀。

二

如前文所言，在这个故事里头，挟尸要价是一件容易刺激人的道德底线的事，任何一个平常的人都受不了这种伤天害理的勒索。但奇怪的是，面对这种恶劣的行径，我们的公共知识分子邓析却没有表现出任何不适，而是淡定地发挥他的专业水平替双方出主意。邓析的这种表现放在现代社会里，也许不乏为他辩护的人。所谓不带入个人的立场或情感，客观公正地表达看法之类的，邓析说不定还会成为现代的某种典范。也可以从这个意义上说，邓析的表现相当具有现代性品格。然而，这其实不应该是现代人的骄傲，而恰恰是某种"现代病"。当面对一个人挟尸要价的时候，我们一

定会忍不住表示愤慨或谴责，可邓析却淡定地要当事人双方"安之"。如果说，邓析的这种姿态是表现了他的客观公正，那就是说我们的情感流露是在泄私愤么？这未免也太离奇了，我们忍不住心生愤慨，又跟挟尸要价的当事人没有半点关系，凭什么说这是在表达私人的情绪，而不是捍卫公共的道德？我们的愤慨之情完全可以是公正的，并不是什么私情。

　　既然我们无法忍受的情感流露并非是在泄私愤，那必定是邓析的表现有问题，这在古典生活世界中是显而易见的。古人在这一故事中将矛头指向邓析，原本是没有任何分歧的。只是由于我们犯了某种"现代病"，而导致在这种问题的判断上显得十分费力。现代人过分强化不带入个人的立场或倾向性，以至于不惜一切代价走到了价值或道德中立的真空地带。几乎所有人都在强调不要以个人的道德情感或价值观念去评判别人，似乎只要有效地悬置了道德或价值标准，客观公正就水到渠成。这就是为什么邓析的表现会有现代人替他辩护，不正是由于邓析对双方当事人没有表达任何道德或价值上的评判么？客观公正的形象就这样轻易地被树立起来，未免有些搞笑。

　　不错，邓析是具有足够冷静的头脑，而我们也许更容易冲动。但客观冷静的头脑分析就能确保不偏不倚的公正性，而无法忍受的情感流露就注定会陷入私人的狭隘性么？现代人总觉得诉诸于个人的道德情感就只是属于私人的，而只要具有公共可交流的理性特征，就立马变成公正无私了。但怎么可能是这样呢？问题其实是在于，个人的道德情感或价值观念只要是去除了私心，就具有公义，不但可以去评判别人，亦可以要求于人、谴责于人。相反，一个冷静的头脑或一种理性的算计，完全可能被私心蒙蔽，所言所行就毫无公正性可言。事实上，一个人可以没有私心，一个公共集体也可以全都是私心。一个人的义愤填膺可以是道义的，一个公共集体的所有冷静分析也可以是一桩肮脏的交易。这原本并不是难懂的道理，可惜犯了"现代病"就看不清了。如果认为凡个人的就一定是私的，凡经过了公共的交流就一定是公的，这不过是现代人的一种错觉。邓析恰好满足了这种错觉，就因为他那不带感情色彩又够专业水准的"安人"手法，便为他扯

起客观公正的大旗,这明显不合情理。事情原本很简单,就是面对有人挟尸要价这种事,要么无法忍受,要么就忍下心来漠然待之。前者就是通常所说的激起了公愤,后者不过是有人觉得没自己什么事。邓析就充当了这后者的角色,面对有人挟尸要价却显得若无其事,这难道还值得我们表彰么?

三

完全可以说,邓析的表现其实是有私心的。且不说他为当事人双方这样出主意是否会收"咨询费",所谓私心与他是否收费可以无关。面对有人遭遇亲人溺亡,有人却还挟尸要价,邓析为何会表现得如此淡定?这只有两种可能,要么是他克服了自己的道德情感,要么他真的是麻木不仁了。如果是后者,那就不需要说什么了,只有私心蒙蔽得积重难返了,才会变得麻木不仁。如果是前者,他为什么要克服?我们不需要把邓析想得很庸俗,断定他只是为了赚那点"咨询费",而是设想他具有极高的专业素养,要充分发挥他的专业才能。但

【邓析安人】

即使是这样，也为他挽回不了什么。因为在这种情形下，他也不过是一个全然不顾是非而只知道卖弄自己专业水平的形象。他为什么要这样做，是生怕别人不知道他道行有多深么？这难道不是私心在作怪吗？这要是搁在今天，他就是网民们口中的"砖家""叫兽"什么的。网上不断曝光出来的那些人，完全不顾民生疾苦而凭借其专家身份大放厥词，邓析可谓其鼻祖矣！

邓析的问题还远不止这些。今天的"砖家""叫兽"们信口雌黄，那也就是招人骂而已，不至于会怎么样。邓析可是被处死了的，而且还是车裂。这仅仅只是由于时代的不同么？其实不然，最根本的差别在于，今天的公共知识分子跟百姓比起来，没多大差别，不过是分工不同而已。只要不是品行更差，就让人念阿弥陀佛了。但在古典的生活世界中，却完全不一样。为什么在这个故事的叙述中，并不会对"得死者"特意说什么，而只是将矛头指向邓析呢？这是由于，普通百姓处置不好事情并没有什么大不了的，这正是需要有知识分子来进行引导。当有人挟尸要价时，知识分子就得义正词严地告诫说，这种缺德的事不能干，从而起到让百姓明辨是非的作用。可见，百姓的言行是由知识分子担负起来的，没有必要苛责百姓，但必须对知识分子有高要求。现代人把知识分子与百姓拉平，其实是在为知识分子推卸责任。可邓析倒好，不但起不到这种明辨是非的作用，还左一句右一句忽悠双方当事人，自己在一旁若无其事地收着"咨询费"，这肯定是不能被容忍的。更何况，他还教唆百姓混淆是非善恶，导致国家大乱，其罪当诛并不难理解。

今天有的知识分子不再具有担负天下安危的情怀，他们不求比百姓获得更好的见识和负有更高的责任，却从不忘记利用自己的专业头脑获得更好的享受。现代社会不再在他们身上寄予厚望，而失去这种期望的知识分子也自甘平庸，利用自己头脑的优势追逐着享乐。现代社会拉低某些知识分子的后果，只是推卸了其原本就该具备的更好觉悟和更高担负，并且还要为他们的贪婪和聚敛而背书。任何时代都无法阻止总有一部分人表现得更为突出，如果不能期望他们为大多数人着想，就一定会放纵他

【邓析安人】

们一门心思为自己谋利。现代某些知识分子复活了邓析的精神，甘愿沦为邓析的门徒，却又未必能达到邓析的专业水平。

四

邓析对当事人双方表达出的两个"安之"，如果仅从专业的角度来分析，不光是手法高明，还揭示出了一个逻辑上的悖论。其于名家思想不可谓无功。这种悖论类似于那个著名的"矛盾"故事，说是有一个卖矛和盾的人，一方面夸耀他的盾没什么矛可以戳穿，另一方面又夸耀他的矛没什么盾不可以戳穿，于是有人问他，用你的矛去戳你的盾，那到底是戳得穿还是戳不穿？[3]这就是我们今天使用"矛盾"这个词的出处。这种思考并非没有价值，但这种思考方式本身容易招致疏离于道德上的诉求，甚至本身就具有瓦解道德的危险性。这就是名家在我们的文明中得不到重视的根本原因。最后还可以再补充一个名家人物的故事来佐证这一点。

有一个叫田骈的人犯了欺君之罪，邹国

③见《知鱼之乐》篇的文中脚注②。

国君要将他处死。田驷吓得赶紧去找惠施出面来摆平这事。这惠施可是名家鼎鼎大名的代表人物，肯定是比邓析更厉害的角色。他问邹国国君："如果有人对您翻白眼珠子，您会怎么着？"这国君说："肯定杀，必须的。"惠施接着问："如果有人犯有眼病，看谁都是翻着白眼，您为什么不杀？"国君说："那人家是没办法。"于是，惠施就赶紧说："对呀，这田驷也是见谁都欺骗，像什么齐国、楚国之类的国君都欺骗过。他就是这臭毛病，像那犯眼病的人一样，也是没办法，你干吗跟他较真呢？"这邹国国君一听，果然就不杀了。[4] 听了这故事，除了再一次坐实这名家的人实在是手法高明之外，可能就是觉得这种人实在是太可怕了，连欺君之罪都开脱得了，还有什么罪责推卸不了的？这种瓦解的力量极其危险，这在古典的生活世界里是看得很清楚的，因此像惠施、邓析这样的思想人物得不到重视就很正常了。据说如今的有些律师就能凭三寸不烂之舌把死的硬说成活的，惠施可算是开了先河了。

④田驷欺邹君，邹君将使人杀之。田驷恐，告惠子。惠子见邹君曰："今有人见君则睨其一目，奚如？"君曰："我必杀之。"惠子曰："瞽两目睨，君奚为不杀？"君曰："不能勿睨。"惠子曰："田驷东慢齐侯，南欺荆王，驷之于欺人，瞽也，君奚怨焉？"邹君乃不杀。（《韩非子·说林上》）

【邓析安人】

知鱼之乐

ZHI YU ZHI LE

庄子与惠子游于濠梁之上。庄子曰："儵鱼出游从容，是鱼之乐也。"惠子曰："子非鱼，安知鱼之乐？"庄子曰："子非我，安知我不知鱼之乐？"惠子曰："我非子，固不知子矣；子固非鱼矣，子之不知鱼之乐全矣。"庄子曰："请循其本。子曰：'汝安知鱼乐'云者，既已知吾知之而问我，我知之濠上也。"①

①《庄子·秋水》。

"知鱼之乐"虽说是非常经典的故事，可对于庄子最后到底是如何论辩的，还常常说不太清楚。前面大部分内容都好懂，甚至是《庄子》全书中一段最为清晰的文本，记叙的是庄子与老朋友惠施在水边散步的几句对话。庄子说："你看水里的鱼游来游去的，多快乐啊！"惠施就说："你又不是鱼，你怎么知道鱼的快乐？"于是庄子接着说："你又不是我，怎么知道我不知道鱼的快乐呢？"惠施一听就来劲了，赶紧说："说得好！我不是你，我不知道你是否知道鱼的快乐；而你不是

【知鱼之乐】

鱼，你也就不知道鱼的快乐。这你总没话说了吧。"对话到这里为止，意思是不是都特别清楚了呢？可庄子最后接下来的一句，就多少有些让人摸不着头脑。庄子说："那看看我们开始是怎么说的。当你质疑我怎么知道鱼的快乐时，你就是已经知道我是否知道鱼的快乐才问我的，那我到濠梁之上就知道了！"这话确实比较绕，需要经过进一步的分析推理。

一

我们先看惠施对庄子所起的质疑，惠施为何会反驳庄子所表达的知鱼之乐呢？这是基于人与鱼之间无法达到相知，"知"只能发生在人与人之间。惠施质疑的出发点并没有问题，因此他一开始就是以"你不是鱼"作为理由，质疑庄了无法"知"鱼。但当庄子接着说"你不是我"时，这就不一样了，从"你不是我"不能推导出你不能"知"我。可令人吃惊的是，惠施居然就顺着庄子将"我不是你"与"你不是鱼"并列起来，这就直接违背了他质疑庄子的出发点。而庄子正是利用了惠施将两者并列起来，回过头由"你不是我"却可以"知"我，推导出"我不是鱼"也就可以"知"鱼的结论。惠施事实上不可能否认他可以"知"庄子，不然对话就没有任何意义了，而这也就意味着他否认不了庄子可以"知"鱼。这就是庄子最后一句话要达到的效果。

"知鱼之乐"作为千古美谈，其魅力不在于庄子与惠施之间玩这种推理的游戏，而在于庄子这样一个极富情怀的人表达出的自然情趣。一个夜里做着蝴蝶梦，在花丛中飞得很惬意的人，白天见到水里的鱼儿游来游去，感慨其快乐自在，这原本就没什么好质疑的。可偏偏遇上了惠施这样一个缺乏情怀的人，居然要跟庄子来辩什么人与鱼之间不得相知。说实话，惠施的这点心思，庄子他能不知道吗？他就是成心设一个圈套让惠施来钻，目的是想让惠施明白，你以为你玩的这套名相很高明吗？这一典故充分表明，真是玩名相，惠施也不是庄子的对手。其实这也不重要，关键是庄子的情怀，惠施确实是完全不懂。人与鱼之间不得相知，庄子缺乏这样的常识吗？当然不是。庄子干的就是这一行，他一生都致力于瓦解这种

【知鱼之乐】

常识。再说了，即便承认不能相"知"，那还不能相"感"吗？庄子是"感"到鱼游来游去的很快乐，这也不行吗？可惠施就不懂，他也许觉得"感"这个东西哪靠谱啊，你感你的，他感他的，没个准数，不能当真。

二

这个"感"的东西到底能不能当真，恐怕还很不好说。要是依庄子来看，不能当真的恰恰是"知"，"感"的东西才真实呢。我们可以不接受庄子那种全盘否定"知"的姿态，但像惠施那样迷信"知"，恐怕也是有问题的。惠施作为名家的代表人物，擅长名相的分析，而对"知"的表达必须通过名相，亦即我们今天所熟知的概念、范畴之类的语言。而语言这个东西，其实是很容易让人犯错误的。比如汉语中十分常用的"矛盾"所来自的那个典故，说是一楚国人在卖矛和盾时，拿着自己的盾向别人吹嘘说："我的盾最坚硬了，根本就没什么东西可以戳穿。"然后又拿着自己的矛接着吹嘘："我的矛最锋利了，根本就没什么东西

戳不穿。"于是别人就追问他说："那你拿你的矛戳你的盾，会怎么样呢？"这人一听就傻眼了。②这楚国人当然是牛皮吹得有点大，但他想要表达的心情倒不难理解。按说他也只是犯了小贩常有的"王婆卖瓜，自卖自夸"的通病，却没料到问题到他那里却变得如此尖锐。这里就有语言在发生着催化剂的作用，把原本只是一般的通病催化成非常尖锐的问题。这一典故充分说明，语言绝不简单地只是一种工具，其在表达"知"的时候，自身也会发生作用。这在另一个名家人物公孙龙骑马过关的故事中，表现得更为直接。

关于公孙龙的这一故事，大概还是后世改编的意思多一些。按照通行的版本，公孙龙骑着一白马过关卡的时候，关史拦住他不让过，理由是根据有关部门的规定，不能骑着马过关。于是公孙龙就凭着三寸不烂之舌，硬是将白马说成不是马，骑白马过关就不违反政策。经公孙龙这么一说道，关吏扛不住，最后只好连人带马放过关。根据最早的文献记录，确有公孙龙骑白马过关这么一回事，但结果是，无论公孙龙怎么忽悠，关吏就是不肯放行。③这

② 楚人有鬻楯与矛者，誉之曰："吾楯之坚，莫能陷也。"又誉其矛曰："吾矛之利，于物无不陷也。"或曰："以子之矛陷子之楯，何如？"其人弗能应也。(《韩非子·难一》)

③ 桓谭《新论》(《白帖》卷九引)。

【知鱼之乐】

④ "白马非马，可
乎？"曰："可。"曰：
"何哉？"曰："马
者所以命形也；白者
所以命色也。命色
形非命形也。故曰白
马非马。"……"求
'马'，'黄''黑'
马皆可致；求'白
马'，'黄''黑'马
不可致。使白马乃
马也，是所求一也。
所求一者，白者不
异马也。所求不异，
如'黄''黑'马有
'可'有'不可'何
也？可与不可，其相
非，明。故'黄''黑'
马一也，而可以应有
马，而不可以应有白
马；是白马之非马，
审矣。"（《公孙龙
子·白马论》）

种记录恰恰是为了说明，别看平日里公孙龙说得天花乱坠的，可一到真正的用途上，毫不起作用。这种故事是真是假，其实并不重要，公孙龙确实提出过"白马非马"的名学命题，这才是关键。他对这一命题的阐述篇幅还不小，归结起来简洁地说，是"白马"作为命色的观念，当然不是作为命形的"马"观念。他还举了一个经验上的例子，比如你要一匹马，给你黄马、黑马都可以；你要一匹白马，则给你黄马、黑马都不可以。这说明什么问题？不就说明"白马非马"嘛！④

三

对于公孙龙提出"白马非马"这一命题，大家都觉得挺有哲学味，现在的研究还真不少。但到底多有价值，可能就仁者见仁、智者见智了。白马是马，这在生活经验上肯定是不会有问题的，关吏不可能会想到骑白马有什么不一样。可公孙龙怎么就会提出"白马非马"的命题出来呢？他又不是胡搅蛮缠。问题就出在语言本身，由于语言的表达而制造出了新的问题。公孙龙还有一个典型的命题叫"离坚白"，更能说明语言本身所引发的错误。按生活的常理，一块石头既是白色的又是坚硬的，这看起来毫无问题。可精通名相的公孙龙却在这上面发现了重大的问题。在他看来，我们只能说一块白色的石头，或者一块坚硬的石头。理由是我们要么是用眼睛看到白色的石头，要么是用手去摸到坚硬的石头，哪来什么又白又硬的石头呢？⑤这真是活见鬼了，连一块又白又硬的石头都成问题了，这算是怎么回事？其实就是语言表达中的概念出现了独立的苗头。无论是白马中的"白"还是白石中的"白"，在生活经验中不会有人想着可能会独立出来，但通过语言表达之后，就有可能导致这种效果。看起来，我们总是通过语言或名相来表达认识，但反过来，名相也会影响和制约认识。甚至还有可能，名相并不能达到真正的认识。这就是老子所声称的，可以用语言表达出来的大道，已经不是真正的大道了。⑥庄子也是在同样的意义上不信任名相，他表达的"知鱼之乐"，当然不会是名相意义上的"知"。

从某种意义上，未必不可以说庄子就是

⑤"坚、白、石，三，可乎？"曰："不可。"曰："二，可乎？"曰："可。"曰："何哉？"曰："无坚得白，其举也二；无白得坚，其举也二。"曰："得其所白，不可谓无白；得其所坚，不可谓无坚：而之石也之于然也，非三也？"曰："视不得其所坚而得其所白者，无坚也；拊不得其所白而得其所坚，得其所坚者，无白也。"（《公孙龙子·坚白论》）

⑥道可道，非常道；名可名，非常名。（《老子》第一章）

【知鱼之乐】

用"知鱼之乐"来挑战名家的认知底线。他明面上只是激起了惠施的反诘，其用心恐怕正是将矛头指向惠施所代表的名家认知观。真的只有人与人之间才能相知吗？庄子说，我倒是想问问，人生活在潮湿的环境中容易犯风湿病，但泥鳅不是好好的么？人要是在树木高处就吓得发抖，但猴子怎么不这样呢？在人、泥鳅和猴子之间，谁才有资格判断哪个地方才是最适合居住的？人喜欢吃山珍海味，那乌鸦还喜欢吃死老鼠呢，谁才有资格判断什么才是最好吃的？猿喜欢跟猴交往，泥鳅喜欢跟鱼在一块游，我们喜欢亲近美貌的女子，要是鱼呀、鸟呀、鹿呀什么的见了，还不一样吓得四散逃跑，又是谁才有资格判断什么才是最美的呢？⑦庄子故意拿人的认知标准与动物来相提并论，这显然是有针对性的。虽说只有人才懂得运用名相，但这并不意味着动物就没有认知，至少人的认知能力与动物相比，没有什么值得特别骄傲的。庄子跟名家的认知论唱反调，是要在人的认知能力之外突显人的感受性。人与世界的相知相识，除了运用名相所达到的认知外，通过感受力达到与世界的相通相应，在庄子眼

⑦且吾尝试问乎女：民湿寝则腰疾偏死，鳅然乎哉？木处则惴栗恂惧，猨猴然乎哉？三者孰知正处？民食刍豢，麋鹿食荐，蝍且甘带，鸱鸦耆鼠，四者孰知正味？猨，猵狙以为雌，麋与鹿交，鳅与鱼游。毛嫱、丽姬，人之所美也，鱼见之深入，鸟见之高飞，麋鹿见之决骤。四者孰知天下之正色哉？（《庄子·齐物论》）

里，其意义恐怕远胜于前者。庄子的"知鱼之乐"正是在这个意义上表达出来的，只可惜惠施偏偏要往同类相知的意义上来辩难，想必完全败坏了庄子的心情。

四

假设我们按惠施的逻辑来，他否认庄子能"知鱼之乐"，那会肯定什么呢？一个鱼贩子往水里瞄一眼，能知鱼之斤两、市价，一个吃货看一下，能知鱼之肉质、口感，一个动物学家看一眼，能知鱼之纲目、习性，等等，像这样的"知"，料想惠施会大加赞赏吧。这样的认知确实只有人才会精通，动物指定就不行了。可这样的认知发达了，除了能帮助我们将水中的鱼一网打尽，统统吃到肚子里，还能做什么指望呢？当然，也许不至于这么悲观，可要是在庄子眼里，这样来说还算是客气的，他对人类的态度可远不止是悲观可以道尽的。看看我们今天认知能力所带来的科技发达和物质繁荣，不过是导致人对自然的疏离、对天地的隔膜。人越来越缺失感受性，光知道鱼的口感，而不知道"鱼之乐"是怎么回事。可见，庄子压根儿就不相信人类的认知，也不是没有道理的。虽说认知能力标志着人独特的理性精神，使得人从动物中超拔出来，但也能使人沦为欲望的奴隶，非但区别不了动物，反而只是比动物过分得多。人的认知能力变得越来越强大时，只有伴随着感受性的不断提升，才不会走到天地自然的对立面。这就意味着"知"不能隔离于"感"，两者之间的区别，不会是只有前者才具有公共性，而后者注定是私人感受。人通过感受性而与天地相通相应，可以通达至大至公的境地，怎么可能只是屑屑私情？相反，"知"也有可能陷入多数人的集体私利之中，需要廓然大公的情怀来为之解蔽。

经验也可以告诉我们，振振有词不一定意味着公正无私，默不作声也许只是礼让三分。有一个故事，说是齐国有一个仆人，他的主人遭遇灾难的时候，他贪生怕死逃了出来。不巧路上碰到一个老熟人，对他说："你应该和你的主人一起共同面对灾难，你这样贪生怕死合适吗？"这人就说："我侍奉别人就是觉得有利可图，一同去送死的事亏大了，当然就不干。"老熟人感到很震惊，说："你这么无耻，活着还有什么脸面见人！"没想到这人还振振有词地说："照你的意思，我要是死了，反倒有脸面见人了是吗？"[8]这人显然不缺乏认知能力，他这么无情无义还恬不知耻，如果跟着惠施肯定只会越变越糟糕。要是跟着庄子多感受一下鱼儿的快乐或蝴蝶的惬意，或许还有醒悟的可能。庄子的"知鱼之乐"揭示出人的感受性具有多么重大的意义，没有足够宽广的情怀，就体会不到天地之间一草一木的生机盎然。而惠施在一旁的辩难，可能只是私智穿凿的表现。

[8]齐有事人者，所事有难而弗死也。遇故人于涂，故人曰："固不死乎？"对曰："然。凡事人以为利也，死不利，故不死。"故人曰："子尚可以见人乎？"对曰："子以死为顾可以见人乎？"（《吕氏春秋·离谓》）

【知鱼之乐】

晏子为齐相

YAN ZI WEI QI XIANG

晏子为齐相，出，其御之妻从门闲而窥其夫。其夫为相御，拥大盖，策驷马，意气扬扬，甚自得也。既而归，其妻请去。夫问其故。妻曰："晏子长不满六尺，身相齐国，名显诸侯。今者妾观其出，志念深矣，常有以自下者。今子长八尺，乃为人仆御，然子之意自以为足，妾是以求去也。"其后夫自抑损。①

①《史记·管晏列传》。

　　这个故事读来令人忍俊不禁，非常具有喜感，却又并没有减损发人深省的力量。故事跟大名鼎鼎的晏婴有关，但主角却不是他，而是他那车夫的夫人。当然，这个故事能流传下来，自然还是与晏婴有关，这大概就是所谓的"名人效应"吧。晏子是出了名的节俭人，为人一向很低调。他在齐国为相的时候，有一次坐着马车出门，车夫就坐在前头驾车。不管晏子有多节俭，作为一国名相，他的马车最多也就是不施奢华，但档次总是在那里的。比如有几匹高头大马，整个华盖什么的，他那车夫坐

在前头，还是能找到那种威风凛凛的感觉的，于是不免流露一些趾高气扬的神情来。不巧这一切被自家的夫人从门缝里瞧得真切，等到他下班回来后，他夫人竟然对他说："你还是把我给休了吧，我可没脸跟着你过日子。"这车夫一听大惊失色，忙问是怎么回事。他夫人就说："你看看人家晏子，虽个子长得不高，却官至齐相，闻名于诸侯。今天我无意中见到他出门，完全没有国相的架子，那一脸的谦卑，见谁都客客气气的。而你呢，长得倒是牛高马大，却是个替人赶马车的角。你赶车也就罢了，居然还扬扬得意，不知道的还以为你是齐相呢。我可实在是受不了你那样，所以想走人。"晏子的车夫听了，真是羞愧难当，觉得自己的见识还不如一个妇道人家，从此以后收敛起来，像晏子一样低调做人。

一

这个故事讲的就是身处富贵如何做人的问题。说起做人，确实很难不受贫富生活的影响。有的人在衣食无忧的时候，倒也能规

规矩矩，可一旦遭遇变故而陷入贫穷之中，就可能守不住规矩，干起偷鸡摸狗的事情来。这就是孔子所说的，只有君子才能守得住贫穷，而小人一穷就会收拾不住。[2]有的人则在清贫之中安安分分，要是一不小心发了点横财什么的，一夜之间暴富起来，就可能把持不住，轻则奢侈腐化，重则飞扬跋扈。要抵御贫富变化对人的不良影响，不但自个儿在生活中能保持淡定，同时也要始终如一地对待身边人。有亲人由贫变富了，能不忌妒吗？有朋友由富变贫了，能不疏远吗？对待腰缠万贯的上层人，能不谄媚吗？对待一贫如洗的底层人，能不骄横吗？还有，自个儿要是飞黄腾达了，面对别人的趋炎附势能保持淡定不？自个儿要是日暮途穷了，面对别人的冷眼相待能保持坦然不？所有这些都要求能在贫富之间经受住考验。所谓修身养性，通俗地讲，就是无论贫贱、富贵都能不萦怀于胸而以平常心待之。这个说起来似乎不难做到，那只是由于我们多数人，既很难跻身于金玉满堂的大富大贵之中，亦很少会沦为家徒四壁的赤贫状态，通常不会有机会

[2]子曰："君子固穷，小人穷斯滥矣。"（《论语·卫灵公》）

【晏子为齐相】

经受贫富两端的考验。贫富之于人，其实最大范围地影响着为人处世的方式。

有相当多的思想资源都在告诫世人不要贪恋富贵，这正是由于富贵事实上太容易让世人迷恋。这个不需要做理论阐述，直接讲一个故事就能形成鲜明印象。战国时期有一个相当著名的纵横家叫苏秦，据说他刚出道的那会儿，到列国游说也是处处碰壁，以至于最后花光了所有的钱财却一无所获。当他身无分文踏进家门的时候，夫人正在缝衣，连手都没停一下，家里冷锅冷灶的，嫂子正眼都不瞧他一下，父母只顾干自己的活也不搭理他。苏秦一瞧这场面，心里真是拔凉拔凉的，哀叹道："夫人不当我是他丈夫，嫂子不当我是他小叔子，父母不当我是他们的儿，这都是我作的孽啊！"若干年之后，等到苏秦飞黄腾达、大富大贵再回家探亲时，父母那是张灯结彩、敲锣打鼓、大摆宴席，远迎三十里地，夫人见了毕恭毕敬、俯首帖耳。嫂子就更夸张，见着他老远就跪拜在地，匍匐前行，磕头如捣，其奴颜婢膝如此。苏秦也觉得实在看不下去，他说："嫂子之前不把我放在眼里，如今又这般讨好，至于这样吗？"他嫂子也够露骨的，说："那还不是由于你现在高官厚禄的，谁不想跟土豪做朋友啊？"苏秦一听，仰天长叹道："我落难的时候父母都不想认我这个儿子，这刚一富贵，一个个就都把我当人上人了。人生在世，谁说富贵权势这些东西可以轻视啊！"③富贵之于人，其冲击力如此强大，又有几人能真正保持淡定？

也不是没有，比如说庄子，就特别不以为然。话说当年宋国有一个叫曹商的人，有一次君王派遣他到秦国出一趟公差，出发的时候宋王赏了他不少车马，到了秦国，秦王又赏了他大量车马。他浩浩荡荡带着这些车马返回宋国时，不巧遇到了庄子。他见庄子那穷困样，便挤兑庄子说："哎呀，我这人真是没本事！你要我挤在贫民窟里，穿着破烂衣裳，搞得面黄肌瘦的，我还真没法活下去。但要是点拨一下国君什么的，弄个几百辆车马随从的赏赐，这我倒是蛮擅长的。"这曹商也真是不知天高

③……黑貂之裘弊，黄金百斤尽，资用乏绝，去秦而归。羸縢履蹻，负书担橐，形容枯槁，面目犁黑，状有归色。归至家，妻不下纴，嫂不为炊，父母不与言。苏秦喟然叹曰："妻不以我为夫，嫂不以我为叔，父母不以我为子，是皆秦之罪也！"……将说楚王，路过洛阳。父母闻之，清宫除道，张乐设饮，郊迎三十里；妻侧目而视，倾耳而听；嫂蛇行匍伏，四拜自跪而谢。苏秦曰："嫂何前倨而后卑也？"嫂曰："以季子之位尊而多金。"苏秦曰："嗟乎！贫穷则父母不子，富贵则亲戚畏惧。人生世上，势位富厚，盖可忽乎哉！"（《战国策·秦策》）

【晏子为齐相】

45

地厚，就凭他那小脑袋，居然还想占庄子的便宜。庄子悠悠地说："听说秦王犯脓疮时召告医者，有破脓治疮者赏车马一辆，有舔痔治疮者赏车马五辆，要是舔的痔疮部位越往下，赏的车马也就越多。秦王赏你这么多的车马，你这得舔多少痔疮啊！滚蛋吧，你！"④这曹商听了估计得气个半死吧。

这是庄子对待财富的态度，其实对待权贵也差不多。有一次他的老朋友惠施在梁国为相时，他想去看望一下。喜欢嚼舌头的人就对惠施说："听说你那朋友庄子奔你这来了，他该不会是想来取代你吧。凭他那股聪明劲，你可得防着点。"这惠施一听就慌了神，忙下令秘密搜捕庄子，可在梁国折腾了三天三夜也没找着。就在惠施无计可施的时候，庄子却突然出现在他眼前，给他讲了个故事。他说："你知不知道南方有一种名叫鹓鶵的鸟？这鸟从南海出发，在飞向北海的途中，一定要是高大的梧桐才肯歇，一定要是饱满的果实才肯吃，一定要是清澈的甘泉才肯喝。现在有一只老鸦逮了一只死老鼠在吃着，看见这只鹓鶵在头顶飞过，居然害怕自己的死老鼠被抢，而做出一副

④宋人有曹商者，为宋王使秦。其往也，得车数乘；王说之，益车百乘。反于宋，见庄子曰："夫处穷间厄巷，困窘织屦，槁项黄馘者，商之所短也；一悟万乘之主，而从车百乘者，商之所长也。"庄子曰："秦王有病召医，破痈溃痤者得车一乘，舐痔者得车五乘，所治愈下，得车愈多。子岂治其痔邪？何得车之多也？子行矣！"（《庄子·列御寇》）

【晏子为齐相】

吓唬人的样了。怎么着，你是想拿你梁国这只死老鼠来吓唬我啊？"⑤

三

作为纵横家的苏秦与作为思想家的庄子，他们在对待富贵的态度上迥然有别。虽说苏秦曾经在历史舞台上也算是叱咤风云的人物，凭一张三寸不烂之舌而名动诸侯，但他在富贵的问题上并未超出凡夫俗子的眼光。庄子就大不一样了，完全不将富贵萦怀于胸，虽然说话刻薄了一点——这多少也是他们自讨苦吃——但思想境界却令人叹为观止。两相比较，在富贵的问题上，苏秦那里乏善可陈，没什么值得我们学习的。可真要是在庄子那里，其虚灵玄远如此，又有多少是我们学得到的呢？还是故事中的晏相，身在大富大贵之中却格外低调，堪称我们今天位高权重者的榜样，虽说学起来未必很容易，却至少是着实可行的。至于晏子身边的车夫，他身上的毛病更是许多人容易犯的，虽说官位不高、实权不大，却是个肥差，喜欢耀武扬威，目中无人。幸运的是，车夫家

⑤惠子相梁，庄子往见之。或谓惠子曰："庄子来，欲代子相。"于是惠子恐，搜于国中三日三夜。庄子往见之，曰："南方有鸟，其名为鹓鶵，子知之乎？夫鹓鶵发于南海而飞于北海，非梧桐不止，非练实不食，非醴泉不饮。于是鸱得腐鼠，鹓鶵过之，仰而视之曰：'吓！'今子欲以子之梁国而吓我邪？"（《庄子·秋水》）

里有一个富有见识的夫人，及时劝阻了他。如今很多所谓的"虎蝇"，或许就是从这种毛病中惯出来的吧。他们没有这个车夫幸运，家里的妻儿是推波助澜的多，往往沆瀣一气而疯狂敛财，最后葬送在对财富的贪婪上。这个故事简直就可以编成现代反腐运动的样板戏，身为国相的晏子如此勤俭，值得大官们效法；而他的车夫善于及时改正错误，又值得小官吏们借鉴。

虽说榜样的力量是无穷的，但终究还得要有精神资源的支撑。富贵于人究竟意味着什么，庄子的姿态过于高冷，我们难以消化，那不妨看看比较平实一些的道理。孔子有一位名叫子贡的高徒，有一次专门就贫富问题请教孔子。他说："一个人如果能做到贫贱而不谄媚，富贵而不骄横，您觉得怎么样？"孔子回答说："还可以啦。不过，还比不上贫贱而不改其乐，富贵而更加守礼。"⑥这道理就挺让人觉得亲近的。贫贱之人常觉得矮人一截，能不谄媚么？富贵之人常觉得高人一等，能不骄横么？身处贫贱当然不值得骄傲，但没必要觉得丢脸，抬

⑥子贡曰："贫而无谄，富而无骄，何如？"子曰："可也。未若贫而乐，富而好礼者也。"（《论语·学而》）

【晏子为齐相】

起头来做人；身处富贵当然不必要脸红，但不值得为之炫耀，弯下腰来处世。这是浅显的道理，谁都知道就该这么来做，但又有多少人能做到其中的几分呢！故事中的晏子就差不多做到了十分，因此可以成为人们的榜样。只是光知道不谄媚、不骄横是不够的，还有更高的层次是：贫者不改其乐、富者更加好礼。但贫何以能乐，富何以能好呢？不是因贫而乐，是贫而不改其乐；亦不是因富而好，是富而成就其好。正如"好"是好其礼，"乐"则是乐其道。不谄媚、不骄横只是克服，但凭着什么在克服就不知道了。我们身边不乏穷而不谄、富而不骄的人，却有可能只是遵从了习俗，或者听从了他人，大家不是都觉得谄媚、骄横不好么？但乐道、好礼就不一样，这是儒家的精神资源，本身具有滋养作用。贫而乐者必不谄媚，富而好礼必不骄横，这就不是克服，而是滋长。乐道好礼之人，必定能于贫富之间处置恰当而应对自如。这事关为人处世的精神资源，需要全身心的投入而后可学。

四

在今天的私产观念当中，财富作为一个人的私产，说起来是只要不违法，怎么样处置是自个儿的事，是否守礼，更是跟旁人无关。究竟如何来理解少数富豪的资产，仅仅有私产观念，实在是太狭隘了。所谓"死生有命，富贵在天"⑦，这话听起来好像是一副宿命论的腔调，但其实是要告诉人们，没有谁的富贵是铁板钉钉的事。这倒不是说所有人的富贵都经不起纪委的调查，并没那么严重。人们能确保的是富贵的"得之有道"，却无法阻挡"失之有命"。一个人要遵纪守法、勤劳致富，却没有谁能保障必定能致富，更不能确保致富之后一定不会悲惨地破产，这就是"富贵在天"的意思。要懂得富贵对于任何人而言都离不开条件的偶然性，任何人都不应该以私产的理由随意处置。尤其是对于那些大富大贵之人，或许是一路摸爬滚打，充满艰辛，但众多的社会资源集中于少数人手中，并非只是付出了代价那么简单。有更多的人可能更努力、更艰难，却一辈子都得不到富贵。那些很幸运成为了非富

⑦《论语·颜渊》。

即贵之人，应该理解为是获得了为社会担负更大责任的可能性，而不是争取到了更多可以恣意挥霍的机会。多数人无力去完成的事情，富贵之人就有能力、有资源去完成。越是富贵之人，就意味着越有能力担负起更大的社会责任，越能成就自身更易于行善。[8]只有作如是观，富贵之于人的关系，才算是看清楚了。对于那些大富大贵之人，晏子始终是好的榜样，但看清楚贫富之于人的关系，对于所有人而言都是有意义的。

[8]富贵福泽，所以大奉于我，而使吾之为善也轻；贫贱忧戚，所以拂乱于我，而使吾之为志也笃。（朱熹《西铭解》）

坐怀不乱

ZUO HUAI BU LUAN

鲁人有独处室者，邻之厘妇亦独处一室。夜，暴风雨至，厘妇室坏，趋而托焉。鲁人闭户而不纳。厘妇自牖与之言："何不仁而不纳我乎？"鲁人曰："吾闻男女不六十不同居。今子幼，吾亦幼，是以不敢纳尔也。"妇人曰："子何不如柳下惠然？妪不逮门之女，国人不称其乱。"鲁人曰："柳下惠则可，吾固不可。吾将以吾之不可，学柳下惠之可。"①

① 《孔子家语·好生》。

柳下惠坐怀不乱的传说闻名遐迩，但在流传过程中出入比较大，以至于我们今天理解的坐怀不乱，跟最开始的意思已经相差甚远。关于柳下惠的这一段往事，最早可查证的文献记载，只是说到他将衣服脱给一个妇人穿，并没有传出任何绯闻，这说明他的声誉不是一天、两天建立起来的。②至于柳下惠是在什么场合以及出于什么原因这样做，不知道。在我们这个故事中，讲了一个比较具体的情节，但不是直接关于柳下惠的，而只

② 柳下惠与后门者同衣而不见疑，非一日之闻也。（《荀子·大略》)

是提到他的这段往事。既然在这样一个情境中让人想到了柳下惠的光荣事迹，那至少暗示了两者之间具有某种程度的相似性，只是程度的大小就很难说了。

这个故事是说，鲁国有一男子一个人住一房间，而邻居家有一寡妇也是一个人住一房间。这孤男寡女挨门挨户地住着，难免不出点什么事。故事的这一背景听起来好现代。果不其然，有一天夜里来了暴风雨，寡妇的房子坏了，便跑到男子房前要求进门借宿。鲁国男子坚决不开门，寡妇从窗户跟他说："你这人怎么这么没同情心，让我进屋躲一下雨啊。"鲁国男子回答说："我听说男女之间过了六十岁才可以混居，现在你我都还没那么老，所以不敢让你进来借宿啊。"寡妇说："你难道就不可以学学人家柳下惠吗？他抱着路过的女子，怕她冻着，也没人说他的坏话啊。"鲁国男子说："人家可是柳下惠，他境界多高，我怎么比得上？他可以我不可以，我正是用我的'不可以'在学他的'可以'啊。"

一

故事当中提到柳下惠的事，也说得很简单。如果从我们现在所熟知的情节来看，便不难发现，柳下惠坐怀不乱的传说，明显有移植这一故事的痕迹。但关键是，"坐怀不乱"的意思是当事人品行端正、没有邪念，而柳下惠原来的往事则是用来说明他的诚信度很高，两者的主旨还是不一样的，虽说这两者都能符合他的形象。柳下惠不像有的人喜欢愤世嫉俗，相反他一点也不忌讳与昏君同朝，甚至也不介意与小人为伍。在他看来，你是你，我是我，你就是在我跟前袒胸露乳，又怎么能败坏到我呢？柳下惠的宽和之风，能让狭隘之人变得坦荡，狡诈之人变得敦厚。可见，柳下惠号称"和圣"，决非浪得虚名。[③]后世所传"坐怀不乱"，倒也不是没有根据。不过，关于柳下惠守信的美德，更是流传着一段佳话。

话说齐国诸侯攻打鲁国之后，勒令鲁国国君将国之宝鼎贡献出来。鲁君既舍不得送宝鼎，又不敢不听齐侯的话，于是就弄了个山寨版的送到齐国。齐侯早就防着鲁君的这一手，

③ "'尔为尔，我为我，虽袒裼裸裎于我侧，尔焉能浼我哉？'故闻柳下惠之风者，鄙夫宽，薄夫敦。""柳下惠，圣之和者也。"（《孟子·万章下》）

他将那假鼎退回来，同时让使者告诉鲁君说，下次就让柳下惠负责送宝鼎，只要他说是真的，齐国就接受。鲁君只好求柳下惠出面，但柳下惠说："您想弄个假鼎冒充真鼎来守国，但我也有心中的国。你让我出面送假鼎，您的国是守住了，却葬送了我心中的国，您这不是让我为难吗？"意思是说，我送一假鼎去忽悠人家齐侯，你的真鼎是保住了，可我的信誉也就破产了。鲁君一听没法了，只好让柳下惠带着真鼎前往齐国。④

柳下惠之诚信能达到如此程度，实在令人惊叹。我们细加琢磨，齐侯作为一国之君如此信赖一个鲁国子民，这意味着什么。难道齐侯就没想过，为了保住国之宝鼎，鲁君会对自己的一个子民要点什么手腕吗？比如鲁君对柳下惠许诺说，就借你的声誉做个担保，搁在我们今天就相当于是，借你的私章加盖一下就可以了，然后保你子子孙孙荣华富贵什么的，柳下惠真的就挡得住吗？还有更多细节可以任凭想象，齐侯肯定都能料想到。而仅仅凭着对一个人的信赖就可以排除这种担忧，这就是诚信的魅力。一个人能被如此高度地信赖，这至少说

④齐攻鲁，求岑鼎，鲁君载他鼎往，齐侯不信而反之，以为非也，使人告鲁君，柳下惠以为是，因请受之。鲁君请于柳下惠，柳下惠对曰："君子欲以为岑鼎也，以免国也，臣亦有国于此，破臣之国，以免君之国，此臣所难也。"鲁君乃以真岑鼎往。柳下惠可谓守信矣……（《新序·节士》）

【坐怀不乱】

明人性还是很可靠的，没有人们想象得那么悲观。可惜的是，柳下惠的这种诚信在现代人眼里，估计早已成为遥远的绝响。我们今天常常连人与人之间基本的信任感都缺失了，像柳下惠这种，还有可能吗？柳下惠坐怀不乱，要是用来激励人们要作风正派，这还可以理解。最多也就是自认为比不上人家，做不了那么好。可要是用来教育人们说，我们要像柳下惠一样拥有这样的诚信，即便是别人明明看见女秘书坐在你怀里，身上还披着你的衣服，却充分相信你们之间是清白的。这在今天的人们看来，不是天方夜谭么？可是，如果人真的可以往这个方向努力，难道不值得期待吗？

二

说起来，今天的商业社会也特别重视守信，尤其是生意场上的经济往来要求守信。但这更多地是强调"信用"，而非"诚信"。从"诚信"到"信用"，虽说都在讲"信"，内涵上却有着天壤之别。商业社会致力于建构信用体系，同时也意味着对人的信用进行量化，

用各种信用评级来衡量人。从表面上看，这不失为一种很方便的做法，而从实际效果上讲，也确实能约束越来越多的人必须得讲信用。不过，"信用"是通过"用"来表现"信"，这并非玩弄辞藻，不是说信用社会就是要通过刷信用卡来积累信用么？一个人要是不透支消费，就没有机会及时还款，也就相应地体现不出信用来。这在若干年前肯定觉得太荒唐，可今天却已经成为常识。是有"用"才可能体现出"信"，也才能建立起信用体系。依赖于这种信用体系，并非不可"信"，可一旦脱离了这种评价体系，是否还照样可"信"，就很难说了。

自"用"上积累起来的"信"，与"诚信"是自"诚"而"信"，两者不可同日而语。前者只是懂得游戏规则，知道按规则办事。后者才是培养美德，懂得如何做人。在商业社会里，有信用、讲信誉的人，有助于积累财富，却不一定是具备"诚信"这一美德的人。"信用"往往只是对事而言，"诚信"才是对人而言，是作为一个人内在要求具备的美德，而与外在的评价体系无关。现代社会要

【坐怀不乱】

的就是外在的评价体系，内在的东西再珍贵，却看不见、摸不着，由此也就用不上。柳下惠若是生在当代，如果他不肯刷信用卡，他也就没有信用可言。至于他坐怀不乱，这个其实没法期待。现代社会可以通过人们一次又一次地刷信用卡来积累信用值，但没法将孤男寡女关在一起来考验信用值，连一次都不行，更别说一次又一次了。一个"信用"当道的时代，其实就是一个劣币驱逐良币的过程。"诚信"没了，"信用"却还在，人类的进化方式实在是够奇特的。

三

商业社会虽说编织在一张信用体系之网中，但不一定就完全封闭了对一个人诚信品格的呼唤。尤其是在这个爱情泛滥的年代，男女之间的恋爱脱离了家族的联姻，对个人的诚信要求就显得更为迫切，担心自己的一生所托非人。有一个魏晋时期的故事很能说明这一点。华歆与王朗一同乘船躲追兵时，有另一个人想跟着逃命。华歆感到很为难，一旁的王朗说：

"船不是还宽敞么，多装一个人有什么要紧的呢？"既然王朗都这么说了，华歆也不好再说什么，于是就让那人跟着上了船。可是船划到半中央，后面的贼寇要追上来了。眼看就要逃不掉了，王朗就想扔下那人不管，华歆坚决不同意，他说："我当时犹豫不想让他上船，就是担心多一个人大家都逃不掉。你那个时候知道充好人，现在又想不管了，这怎么行呢？既然已经让人家上了船，那就是接受了他的托付，怎么能在危急的时候又丢下不管呢？"[5]

男女之间谈情说爱，比较容易遇上王朗这种人。平时海誓山盟容易，似乎也挺会照顾人的，可要是摊上点什么事就难说了。这种人未必不想信守承诺，可是缺乏诚意在先，在答应的时候用心不够，每到临事时就会轻易食言。

按说王朗想中途丢下那人不管，也是没办法的事。要不是情况危急，他也不至于会想出这一招来，对吧？他不是不想实现承诺，而是当时许下承诺时，没料到会遇到这种危急情况。没错，这确实也可以说得振振有词。今天的男男女女走马灯似的离了又结、结了又离，哪一次不是说得振振有词？谁还没一点实际情

[5] 华歆、王朗俱乘船避难，有一人欲依附，歆辄难之。朗曰："幸尚宽，何为不可？"后贼追至，王欲舍所携人。歆曰："本所以疑，正为此耳。既已纳其自托，宁可以急相弃邪？"遂携拯如初。(《世说新语·德行》)

上篇

【坐怀不乱】

况，对不对？再说婚恋之时哪能料到今后的一生会遇到什么。摊上点什么事就分道扬镳，这不都是当初没料想到么？要这样来说，在许下承诺的时候，就得先让自己变得料事如神才行。这显然是荒唐的。料事如神不大可能，确保诚意却是完全可能的。如果没有用心就答应下来的事，当然就是没有诚意的。用心不够要么是不够认真，要么是不够正当。无论是随口答应还是居心叵测，都容易被诸多意料不到的事所阻隔。王朗事先没料到的华歆却意识得到，差别只在于用心不一样。真心实意地答应了人家，才能经得住种种意想不到的考验。一个人真正要具备诚信的品格，远不止是兑现一个承诺这么简单，甚至只是一个又一个地兑现承诺，加起来也不等于诚信的品格。也许当初许下承诺时感觉不到，到了实现承诺时就可能捉襟见肘。看起来王朗答应别人时表现得更积极，可兑现起来就跟不上了，这就是华歆与王朗之间的实质区别。

晚周时期就流传一个尾生溺死的故事。说有一个叫尾生的人，与自己心仪的女子约会，约定在一座桥底下不见不散。到约会那天，这人兴冲冲地赶到桥底下等人。没想到左等右等，他心仪的女子没等来，却等到了河水涨潮。为了信守不见不散之约，他愣是一步也没离开，最后被淹死了。⑥尾生的这事若是搁在今天放到网上，网民们必定回复"极品二货，鉴定完毕"。尾生也许不如现代人这么机智过人，但他等人等到溺死，总不能按智商问题来处理。古人没这么无聊，拿一个低智商来说事。尾生守信的问题，说起来还是没意识到，诚信的品格远不止是兑现一个承诺。尾生许下诺言倒是真心实意的，可他眼里就只有这一承诺而没有别的，完全将"信"与其他品格割裂开来，甚至有当作唯一品格的嫌疑。"信"并非是孤零零的品格，更不是最高或唯一的品格。除了"诚""信"连言，亦有"忠""信"或"实""信"连言，儒家更是将"仁""义""礼""智""信"并列。这就充分说明，"信"与忠诚、忠实、诚实等美德密不可分，与"仁""义""礼""智"亦是相互勾连。商业社会的信用体系完全不顾这诸种德性之间的相互支撑，而仅仅于"用"上来取"信"，这种割裂的手法并不比尾生高

⑥尾生与女子期于梁下，女子不来，水至不去，抱梁柱而死。（《庄子·盗跖》）

坐怀不乱

明。基于这样一种社会风尚，男女之间迫切呼唤诚信品格，无异于是缘木求鱼，怪不得往往所托非人。现代人信用基本可查，诚信却基本靠碰。这跟尾生相比，有什么好骄傲的呢？

四

人与人之间的相互信赖，除了让自己的诚信不要辜负了别人的信赖，同时也不要让自己的信赖辜负了别人的诚信。通俗地说，既让自己值得别人相信，亦让自己充分相信别人。孔子师徒发生过一个十分有趣的故事，可以说明这后一方面也十分重要。在孔子师徒困于陈、蔡两国之间的时候，大家都饿了许多天。后来子贡总算换来了一把米，颜回赶紧烧火煮饭。在饭快要煮熟的时候，子贡无意中望见颜回打开饭甑时，竟然取了一点米饭先吃了，心里不禁"咯噔"一下，想道："这不能够呀！要说饿得慌，谁还不一样，但怎么着也得让老师先吃吧。再说了，你可是咱们老师心目中的优秀学生，平时尽夸你，怎么这个时候就沉不住气了？"子贡心里十分郁闷，于是就找到孔

子把这事给说了出来。孔子听完后，说："我相信颜回也不是一天两天了，这按理说是不可能发生的事。但既然你这么说了，是不是这其中另有什么隐情。这样吧，你先别着急，由我来问清楚。"孔子就让子贡将颜回叫进来，对他说："我昨夜梦见了先祖。趁着咱们还没开吃，你把饭端进来，我想先祭拜一下。"颜回一听赶紧说："老师，这饭不能用来祭拜了。刚刚我在煮饭的时候，不小心有烟灰掉进饭里，搞脏了一点米饭。想着扔了也可惜，我就只好先把它给吃了。"⑦这个故事生动地说明，人与人之间实在是太容易产生误会了。

如何才能很好地避免误会的产生，这直接关系到人与人之间相互信赖的问题。经验告诉我们，人与人之间如果能互抱善意，误会就容易得到消除，不会危及相互的信赖；如果原本就没有好感，必定会有接二连三的误会来加深相互之间的隔阂，相互信赖就变得遥不可及。而这在先的善意，就得靠人与人之间的真诚来涵养，因"诚"而后可"信"。柳下惠坐怀不乱，是因他个人的诚信品格让人不至于怀疑他；颜回取饭先食，是出于孔子对颜回的信任

⑦孔子厄于陈蔡，从者七日不食。子贡以所赍货，窃犯围而出，告籴于野人，得米一石焉。颜回、仲由炊之于壤屋之下，有埃墨堕饭中，颜回取而食之。子贡自井望见之，不悦，以为窃食也。入问孔子曰："仁人廉士，穷改节乎？"孔子曰："改节即何称于仁义哉？"子贡曰："若回也，其不改节乎？"孔子曰："然。"子贡以所饭告孔子。子曰："吾信回之为仁久矣，虽汝有云，弗以疑也，其或者必有故乎？汝止，吾将问之。"召颜回曰："畴昔予梦见先人，岂或启佑我哉？子炊而进饭，吾将进焉。"对曰："向有埃墨堕饭中，欲置之，则不洁；欲弃之，则可惜。回即食之，不可祭也。"（《孔子家语·在厄》）

【坐怀不乱】

而不至于误会他。人与人之间的相互信赖，莫不与此相关。商业社会的"信用"只是解决了财富积累的问题，而基本与人品无关。只有树立起"诚信"品格，才有可能达到相互充分信赖的效果。

胸有机心

子贡南游于楚，反于晋，过汉阴，见一丈人方将为圃畦，凿隧而入井，抱瓮而出灌，搰搰然用力甚多而见功寡。子贡曰："有械于此，一日浸百畦，用力甚寡而见功多，夫子不欲乎？"为圃者卬而视之曰："奈何？"曰："凿木为机，后重前轻，挈水若抽，数如泆汤，其名为槔。"为圃者忿然作色而笑曰："吾闻之吾师，有机械者必有机事，有机事者必有机心。机心存于胸中，则纯白不备；纯白不备，则神生不定；神生不定者，道之所不载也。吾非不知，羞而不为也。"子贡瞒然惭，俯而不对。[1]

这一典故出自《庄子》。作为一种思想文本，其事件的真实性未必可靠。子贡虽说是实有其人，却与事件的真实性无关，庄子一贯喜欢借孔子师徒之名来说事。但作为思想文本，这一典故的意义却非常强大，至今都能感受到那种震撼。可见，其意义的"真实性"历两千

[1]《庄子·天地》。

68

多年而未打折扣。今天是一个技术发达到前所未有的时代，庄子批判这个叫槔的机械物，通常被视为是老祖宗反思技术的先声。我们可以理解为，当技术刚刚露出一点苗头的时候，庄子就表现了高度的警惕，这本身足以让人感到震撼。

　　这个典故的大意是，子贡经过一个叫汉阴的地方时，见一丈人拎着个瓦罐子在为菜园子浇水。水从井里引过来，然后再用瓦罐费力地舀出浇灌。子贡一看觉得太辛劳又效率低下，于是向丈人推荐一个叫槔的机械物。他描述了这东西的特征，说是能让浇水变得轻松且能提高效率。若是按我等凡夫俗子之想，有这么好的东西那还有什么话说，赶紧弄过来投入使用。可人家汉阴丈人不这么想，他一听就脸色大变，那意思很明显，就是你怎么能推荐这种下三滥的东西给我呢。但人家毕竟还是素质很高的人，他并没有发作，而是缓和脸色，微笑着讲了一番"有机事者必有机心"的道理，最后才说，你说的这东西我不是不知道，而是不屑于用啊。搞得子贡满脸通红在那里说不出话来。汉阴丈人为什么就不愿意用这个叫槔的东

【胸有机心】

西，而且还表现出特别怕沾染到的样子，这个实在令人费解，得好好分析一下。

一

在这个典故当中，汉阴丈人抱瓮出灌与子贡所描述"挈水若抽"的槔，两者之间究竟有什么区别？丈人肯用前者而不屑于用后者，必定是基于两者根本不一样。不错，一者是"用力甚多而见功寡"，一者是"用力甚寡而见功多"，但这只是就功效而言。不管做什么事，都没有理由认为越慢越好，而且太慢了可能会耽误事情本身，比如得在两三天浇灌完的圃畦，汉阴丈人浇了两三个月，这就把浇灌这事给耽误了。既然是做事情，"见功多"当不会被人反对，关键在于是以什么方式来达到的。很显然，丈人反对通过槔这种机械物来达到"见功多"的目的。但问题在于，槔在什么意义上成为了机械物？别忘了，汉阴丈人手里头还有一瓦罐子，即瓮，或者说，瓮在什么意义上就不是机械物？

就物而言，试图在瓮和槔之间找出实质性

的差别，这将是很困难的。尽管看起来两者之间在结构上有着简单与复杂的区别，但却不至于说是物的复杂性成就了其机械性。其实相对于瓮而言，槔究竟会复杂多少我们不清楚，不过未必就能复杂过如同鬼斧神工的"鐻"。[②] 作为乐器的鐻，却绝非是此处的机械之物。再说从简单到复杂之间也没有一条分明的界限，以此作区分似乎只是说明庄子有偏爱简单的癖好。庄子若是真不简单，那就得在别处来甄别瓮与槔的实质区别；我们既然无法自物上区分，那就不妨自事上入手。根据"有机械者必有机事"一语，若能明白什么是"机事"，反过来就可以推出"机械"了。

同样都是需要完成浇灌的事，抱瓮是浇，用槔也是浇，何以用槔就成了"机事"？在这里，完成浇灌的事是目的，就达到这一目的而言，抱瓮和用槔确实没什么两样。用一个熟悉的术语来描述，就是都使用了劳动工具，只是工具不一样而导致生产效率发生了变化。但就在实施浇灌这一过程中，抱瓮和用槔却有实质性的区别。倒不是说，汉阴丈人抱瓮出灌，显示出一幅辛苦劳作的景象，而通过子贡之口描

②梓庆削木为鐻，鐻成，见者惊犹鬼神。（《庄子·达生》）

【胸有机心】

71

绘的用槔，就显得轻松自如得多。这一鲜明对照或许并非不重要，却仍不得要领。如果抱瓮只需浇灌一畦，而用槔需要浇百畦，哪一种情形更辛苦，还真不好说。紧扣实施浇灌这一事而言，虽说汉阴丈人是抱瓮出灌，但实施浇灌的主体仍然是丈人，而不是瓮。而一旦是用槔浇灌，那么实施浇灌的主体就变成了槔，不再是丈人。尽管槔还是得由人来控制才能实施浇灌，但就浇灌这一事而言，却一定是槔在做，而非人在做。这就是整个事件的关键点，就实施浇灌而言，抱瓮出灌是人在做，用槔浇灌则是槔在做，这一区别难道还不够根本吗？

且慢，这事也许还有些蹊跷。人用槔浇灌怎么就成了槔在做，槔分明只是工具而已，没有人，槔怎么做事？所谓槔在做事，其实就是人通过控制槔在做事，终究还是人在做事啊。如果成了槔在浇水，那人在干吗，人不是也没歇着么？是这样的，人确实没歇着，也依旧在做事，但人做的已经不再是浇灌这件事，而是变成了控制槔的事情。人在浇水和人在控制槔，这自然是两种绝不相同的事。汉阴丈人在做浇灌的事，那是人与水、土壤、种植物之间

发生的关系。在这种关系中间，并不会因瓮的出现而有什么改变。而一旦槔出现后，就会使得这种关系发生实质性的改变，变成人仅仅是与槔之间发生关系。人原本是要做浇灌的事，却变成了是做控制槔的事，于是浇灌之事就变成了控制槔的"机事"。可见庄子所说的"机事"，便是指操控机械物之事。明白了庄子所说"机事"，也就清楚了槔在何种意义上是机械物，而瓮则在这一意义上不属于机械物。

二

抱瓮出灌与用槔浇灌倒是区分清楚了，但接下来的问题是，庄子为什么就要反对"机事"呢？既然在达到目的上是一样的，就不能妨碍有人坚持认为：是否变成了"机事"，这又有什么重要呢？于是，庄子究竟何以反对这种"机事"，又得重新进行分析。先回到"有机事者必有机心"一语上，庄子反对"机事"必定基于"机心"这一缘故。是机事导致胸有机心这一恶果，才是要反对机事的理由，可见还得仔细分辨一下"机心"。一种需求一旦被

【胸有机心】

认可，也就是人动了心念，动了心才能成为人所要做的事，更不必说做事还得要费心。就此而言，抱瓮得有用心，用槔也得有用心，在把后者称作是"机心"时，其与前者的用心，又有什么实质性的区分呢？换句话说，当人在水、土壤或种植物上有一份用心时，这与在槔上费心有什么绝大的不同？应当说，这两种不同用心之间的差异并非不明显，我们可以表达出对水或土壤的一份亲近感，而这在槔上面是没有的。甚至可以进一步表达为，在哺育我们的大地上劳作而参与到我们的生命历程中，是一种多么充盈的感受。与此相比，槔能算个什么东西。但问题是，这种感受性的表达未必能让很多人感同身受，而且将一种异常艰辛的劳作诗意化，甚至还会让有些人十分反感。对于有的人而言，大地也未尝不是一种束缚，是一种捆绑肉身的沉重之物。通过槔的制作而使得人从这种束缚中摆脱开来，面对的正是槔的轻松和便捷，这不正是人对自身的一种解放么？这样说来，即便接受庄子对"机心"的称谓，我们仍会纳闷："机心存于胸中"究竟有什么不妥？

在抱瓮和用槔之间，两者的用心有一个共同之处，即都期待着一种收获。抱瓮出灌是关注于水、土壤、阳光和种植物的劳作，直接见证着天地的生长力量，接受着她的哺育。辛勤的果实来自天地的恩泽，收获的过程伴随着感恩的情怀，人的劳作显得卑微而欢欣。但用槔浇水所开启的机械生产，让人关注于机械物的便捷和高效，人的用心由种植物转向了机械物。所谓"机心"，就是面向机械物的用心，一心算计如何提高机械物的生产效率，扩大对劳动产品的占有。这种用心的转变，必然导致一系列的后果。由于收成物不再是辛勤劳作的果实，而是机械操作的结果，收获的过程肯定不会伴随着感恩，全然丧失了领会天地的哺育和恩泽的用心。这种时候，大地沦为播种的对象，劳动的果实沦为冰冷的产品，收成更像是以大地为掠夺对象的攫取。人从先前的劳作转变为对生产的算计，将享有劳动果实的用心置换成占有劳动产品的心机，这显然是完全不一样的心思。前者本着自然的需求，持守在纯白的状态中，后者刺激欲望的膨胀，使得纯白不再而违背了道。因此，对于庄子而言，胸有机

心是绝对不能允许的。看起来对橰的使用可以使人摆脱大地的束缚，可这种摆脱的方向是错误的，因控制橰而导致人对于生产效率的算计，一定会因此而陷入更大的束缚当中，即欲壑难填的深渊。这是庄子对刚刚露出一点苗头的技术，表现出高度警惕性的根本原因所在。他"安排"汉阴丈人不屑于用橰，绝对称得上是令人震撼的大手笔之作，至今发人深省。

三

不过，庄子并非无视大地对人的束缚，如何摆脱肉身的沉重，实际上是飘逸的庄子特别关心的主题。他描述庖丁解牛时的游刃有余，叙说梓庆为鐻时的鬼斧神工，或者讲述匠石斫垩时的运斤成风，[③]都是在极尽人在技艺的操作中所达到的化境。几乎每一个人在学习技艺的过程中，都会经历从生疏时的笨手笨脚到熟练时的得心应手，而这正象征着一个人摆脱沉重的肉身而变得轻盈、飘逸起来。没错，庄子最欣赏的正是这样一种方向，依靠类似于橰这样的机械物来摆脱，只会陷入更可怕的束缚当

③彼节者有间，而刀刃者无厚，以无厚入有间，恢恢乎其于游刃必有余地矣。（《庄子·养生主》）匠石运斤成风，听而斫之，尽垩而鼻不伤，郢人立不失容。（《庄子·徐无鬼》）

中。当一个人凭着自身娴熟的技艺达到出神入化的境地，只有这种摆脱才是牢靠的，非但不会陷入欲壑难填中，而且还满是身心的愉悦。我们也许没到达过出神入化的境地，但那种技艺娴熟时的痛快淋漓感，多少总经历过吧。如此看来，庄子表现出对槔这一机械物的高度警惕，而坚决反对胸有机心，便不是没有理由的。

在我们今天这个技术高度发达的时代里，庄子最早表现出的这种警惕技术的姿态，到底能让多少人深以为然，其实是很难说的。在今天的生活中，技术已然无孔不入，如果想要高姿态地表达出对技术的抵制，那注定会成为社会中另类的极少数群体，甚至几近于某种行为艺术家了。这么说来，除了张开双臂拥抱这个前所未有的技术时代，我们已经别无选择了？其实也不然。我们确实无法拒绝全面降临的技术生活，但并不意味着只能彻底迎合。想想我们这个时代，技术如此发达，物质如此丰富，但我们却比任何时代更为强烈地感受到资源的匮乏。技术确实让我们越来越摆脱大地的束缚，却也前所未有地刺激着欲望的膨胀。这就

【胸有机心】

充分说明，庄子以其独特的敏锐性，为我们最早揭示出技术所指向的危险性，总的说来为我们这个时代所证实。我们没有理由拒绝庄子的反省，当其他人都迎向技术的突飞猛进而欢欣鼓舞时，我们可以从庄子这里学会对技术保持警惕的姿态。也许庄子所指明的道路是不可能实现的，可他对胸有机心的批判震古烁今，尤其值得技术时代的每一个人好好地反省自己。我们既如此高度地依赖于技术，同时又拜这种技术思维所赐，使得我们特别工于心计而精于钻营，这是陷入机心的典型表现。借助于庄子的精神资源，我们可曾体会过那种凭着娴熟技艺所达到的无碍无待、无所阻滞，并由此带来的身心愉悦？也许我们依旧需要这种生命体验，哪怕只是为了给我们的重重机心松一下绑。

墨子论巧

公输子削竹木以为鹊，成而飞之，三日不下，公输子自以为至巧。子墨子谓公输子曰："子之为鹊也，不如匠之为车辖。须臾斫三寸之木，而任五十石之重。故所为功，利于人谓之巧，不利于人谓之拙。"①

公输子就是我们所熟悉的鲁班，这是一个发生在墨子和鲁班之间的故事。根据不同的典籍记载，在这两人之间流传下来的故事还是挺多的。大家都知道鲁班是木匠的祖师爷，他那木工的手艺，肯定属于出类拔萃的。可实际上墨子的工匠活也是相当厉害的，他的手艺决不会输给鲁班。至于他为什么在木工领域没有鲁班那么大的名气，那是由于他首先是个思想家，人家大概觉得还有更重要的事要做，而不是整天围着一堆木料转。在墨子和鲁班的诸多故事中，墨子往往是双肩挑，既是工匠界的能人，同时又扮演着思想家的角色，而一旁的鲁班则光懂技术没有文化。这也许跟笔杆子握在

① 《墨子·鲁问》。

墨子的生活世界

墨家手里有关，鲁班与墨子的故事主要是墨家的人所记载的。

闲话少说，回到本篇的故事中来。话说鲁班围着一堆竹子、木头，又是砍又是削的，不知倒腾了多少天，终于做成了一种木鹊，居然能在天上飞三天不落下来。要说这木鹊做得也是够玄乎的，鲁班自以为手艺精湛，举世无双，想到墨子跟前炫耀一下，这并不是不可以理解。没想到的是，墨子居然对此完全不屑一顾。他对鲁班说："你瞧瞧你这做的什么玩意儿，你怎么不看看人家那工匠。刚刚一块没用的三寸木块，稍微整一下往车轴上一插，就做成了车辖。那玩意儿用处就大了，就因为整了那小木块，这车一下子能拖上好几百斤重了。只有起了这大用处了，那才叫巧。你这东西能在天上飞三天，这就了不起啊，有什么用吗？毫无用处！没用那就是拙，不是巧。"不知道鲁班听了墨子的这一番挖苦，心里是什么滋味，原本肯定是扬扬得意的，现在却自讨没趣。在这一故事中，鲁班是个技术天才，非常具有创造力，而墨子对于鲁班的手艺一点也不欣赏，反而进行了严厉的批评，说明他也不是

【墨子论巧】

外行，而且更具思想头脑。这完全符合墨子与鲁班之间一贯的形象。

一

这个故事放在我们今天来讲，相信一般的人都会为鲁班叫屈，而对墨子讲的那一套不以为然。按常理来想，墨子对鲁班的这种创造发明，反应得似乎有些特别了。别的不说，造出一个能在天上飞几天的东西出来，这在那样一个时代里，该是一件多么具有冲击力的事。墨子这人是怎么啦，难道就一丁点好奇之心也没有，真的就完全没想过要看一下新鲜吗？或者，墨子难道是个完全没有情调的人，哪怕是把这当一件赏心乐事，看着放松一下心情也行啊？有头脑一点的人可能还由此看出，正是墨子的这种实用主义态度极大地阻挠了技术的发展，故事中的墨子对鲁班的批评，就是典型的例子。如果墨子不是出于一种急功近利的实用主义思想，而是能以欣赏的态度来对待技术本身，那在当时无用的飞行物可能就会发展成为若干年之后有着大用的飞行器。其实这样来

想，对于墨子就太不公平了，而且有点往鲁班脸上贴金的意思。倒不是说墨子论巧的思想有多么不一般，而是相对于鲁班而言，墨子毕竟是属于有思想境界的人，这是鲁班所不能比肩的。

　　要说墨子是没有任何个人情调的，这话算是说对了。他明确主张"非乐"，即反对搞艺术，而且他反对的理由很清楚，就是搞这种事能当饭吃吗？②估计墨子是把鲁班的这一发明当作是搞行为艺术了，弄这么一个东西在天上飞几天，或许拿来欣赏一下还可以，但要说用处是全然没有。可惜墨子从来就是一个不愿意将时间浪费在欣赏上面的人，他没有任何个人情调，但他拥有的是对天下百姓疾苦的关怀。墨子一生都强烈关怀着天下百姓的吃饭、穿衣和作息的问题③，根本就没有心思来欣赏艺术。由于墨子心忧天下，时时刻刻想着天下百姓总是吃不饱、穿不暖，才如此迫切地关注生产问题。正是基于这样一种关怀，墨子才对技术的生产性高度敏感，并断定凡是有利于老百姓吃饱穿暖的，才是好的技术。与此相比，鲁班就是一个只知道搞创造发明的人，他的头脑

②然即当为之撞巨钟、击鸣鼓、弹琴瑟、吹竽笙而扬干戚，民衣食之财将安可得乎？（《墨子·非乐上》）

③民有三患，饥者不得食，寒者不得衣，劳者不得息，三者民之巨患也。（《墨子·非乐上》）

【墨子论巧】

里可没这么多的想法。也许在他看来，只要好玩就行，或者能换来荣华富贵最好。有文献记载表明，鲁班是只要谁提供条件让他搞创造发明，并且给他好处，他就跟着谁。而墨子却是周游列国，到处呼吁停止战争，搞好生产，让百姓吃饱穿暖。由于鲁班只顾搞创造发明，因此他的技术成果经常被用在战争当中。比如著名的云梯据说就是拜他所赐，这跟墨子反对战争的主张正好相反，于是有一次他们就发生了直接的冲突。在这场冲突中，墨子面对诸侯王挺身而出，决意阻止战争的发生，而一旁的鲁班则跟着诸侯王多少有点为虎作伥的意思。这两相比较，思想境界的高下就一目了然了。

二

当然，鲁班毕竟不是思想家，让墨子跟他比境界，确实有些让他受委屈了。可墨子论巧的思想毕竟并不高明，也就是能让鲁班碰一鼻子灰。尽管墨子确实是很有情怀的人，但他以是否能带来用处为标准评判巧与拙，终究是有问题的。像他居然以不能当饭吃来反对搞艺

术，就显得有些让人大跌眼镜了。他反对鲁班制作的飞行物，其理由并无二致。墨子当然是出于对百姓疾苦的关怀，也由此使得他一生劳碌奔波，过着苦行僧式的生活。但这并不意味着他的思想就得围着是否有用打转，怎么也绕不开吃饭穿衣。这要是换了庄子，就会特别瞧不起墨子的这一套。谁说巧与拙的区分是取决于是否有用？庄子恰恰就喜欢在毫无用处的地方来说巧。比如，庄子曾给别人讲过一个故事，他说有一个楚国人沾了一点灰在鼻尖上，而且薄得如同苍蝇的翅膀。他让一个玩斧头的匠人拿着斧头来砍他鼻尖上的那点灰，那匠人先将手中的斧头玩得呼呼作响，算是热热身。蓦地一斧头砍向楚国人的鼻尖，只见那斧头一闪，鼻尖上的灰随之砍尽而鼻子毫发无损。楚国人泰然处之，像没发生过什么一样。④鼻子上沾了点灰，却要叫个匠人用斧头来砍，这事若放在墨子眼里，纯属吃饱了撑着没事干。这匠人的斧头玩得再高明，若是用在这种事上，墨子肯定嗤之以鼻，却正是庄子所心仪的手法。

　　与墨子高度强调技巧的生产性相比，庄

④郢人垩慢其鼻端若蝇翼，使匠石斫之。匠石运斤成风，听而斫之，尽垩而鼻不伤，郢人立不失容。(《庄子·徐无鬼》)

【墨子论巧】

⑤见痀偻者承蜩，犹掇之也。（《庄子·达生》）

⑥工倕旋而盖规矩。（《庄子·达生》）

子却专挑毫不起眼的事来说巧。比如他说一个驼背老人用竹竿捉树上的蝉，娴熟得就像是从地上拣一样。⑤这不就是小屁孩抓蛐蛐一类的事么？这种事上有什么好炫技的呢？还有说到一个匠人随手一画，要圆得圆，要方得方，比用规矩量出来的还要精准。⑥可没事画什么方圆，有这闲工夫难道就不能多干点活吗？不难想象，墨子肯定对庄子从不干正经事感到深恶痛绝。其实庄子这是成心的，他就是要跟墨子这种汲汲于生产的人过不去。庄子是最不愿意关心生产的人，即便是吃了上顿没下顿，等着米下锅，他也不会犯愁。也是，庄子如果整天想着生产上的事，他还逍遥得起来吗？因此，与墨子针锋相对的是，庄子肯定不会以是否有用来评判巧与拙。而且在这种技艺领域，庄子也是相当有地位的。用斧头砍灰的事或许不能当真，但"运斤成风"却成了技艺圆熟的代名词。还有诸如"游刃有余""鬼斧神工""得心应手"之类，皆出自《庄子》，为后世各行各业向往技艺提供了充沛的精神资源。可见，庄子在这一领域也堪称权威人士，绝对享有发言权。他要是来评判巧与拙，第一件事便是斩

断与生产的关联，技巧无关乎实用。如果说墨子过于实用，庄子恰恰是反实用的，但这并不意味着就给技术的发展松了绑。庄子通过技艺追求的是无碍无待的境界，关乎个人的生命情调，而无关乎百姓的吃饭穿衣。如果鲁班略微懂一点庄子的情怀，也就不至于会让墨子教训得哑口无言。

墨子论巧，比起鲁班而言，是有思想头脑的表现，比起庄子而言，则显得思想境界不够。墨子与庄子都是有情怀的人，前者关怀天下百姓，后者追求个体生命。但就思想层次而言，墨子确实显得在世俗层面陷得太深而超拔不上来，而庄子倒是挺能超拔的，却也未必没有问题。墨子就像个慈善家，时时处处关心民间疾苦，必定深受百姓爱戴。而庄子则喜欢描述那逍遥的境界，乘着云气，驾着飞龙，饿了吸风，渴了喝露，⑦一副完全不食人间烟火的样子。庄子论巧，到极致之处，那可不得了。所谓上观青天，下测黄泉，纵横宇宙，神态自若。⑧境界奇高，却明显不够接地气，肯定让老百姓摸不着头脑。

⑦……不食五谷，吸风饮露。乘云气，御飞龙……（《庄子·逍遥游》）

⑧……上窥青天，下潜黄泉，挥斥八极，神气不变。（《庄子·田子方》）

【墨子论巧】

三

除了这两人论巧各有所长之外，还有一个论巧的故事可以形成对照。而且巧得很，这个故事又与鲁班有关。鲁国有一个大户人家的母亲过世了，当时是鲁班的一个族人在主持下葬仪式。由于那人年纪还小，由鲁班代替他主事。那个时候众人牵引棺椁下葬，想必是一件非常繁重而费力的事。于是鲁班就发明了一种机封，据说是可以通过转动机关，牵引棺椁到墓穴。这东西是什么原理不得而知，但肯定能让原本十分繁重的下葬变得很轻松。鲁班发明出来的技巧让当时的人十分惊叹，却并没有获得应用，而且还被人批了一通。批判的大意是说，下葬原本有自身的一套礼仪在，该怎么做得按规矩来，怎么能用你发明的这种机巧来改变呢？在人家母亲去世的悲痛时刻，你怎能用来尝试你发明的新鲜玩意儿？有你这样发明机巧的吗？⑨这个故事再次印证，鲁班只顾搞发明而全然不谙时务。但我们主要是为了说明，墨子论巧的思想是站不住脚的。因为如果按墨子的说法，鲁班在这里发明的机关，可就不再

⑨季康子之母死，公输若方小。敛，般请以机封，将从之。公肩假曰："不可。夫鲁有初：公室视丰碑，三家视桓楹。般！尔以人之母尝巧，则岂不得以？其母以尝巧者乎，则病者乎？噫！"弗果从。(《礼记·檀弓下》)

88

是那中看不中用的木鹊了，而是具有实际用途的技巧。能让繁重的下葬变得很轻松，这显然可以提高效率，腾出更多的时间来发展生产。这暗合了墨子的"薄葬"主张，此时的鲁班如果在挨批之后找墨子诉苦，墨子肯定会力挺他的。但我们不能因为有了墨子的支持，就认为鲁班的发明没有问题。这只能说明，墨子的问题和鲁班一样大。

我们知道，像鲁班这种只顾搞发明而不分是非的做法，是非常危险的。搞不好他的发明被坏人所利用，那害的就是天下百姓。墨子比鲁班的伟大之处，就在于他关怀百姓，明辨是非。然而，墨子判断是非的标准是有问题的，他有心克服鲁班那种不问是非的做法，但他那实用的标准使得他并不能彻底克服这一点。他在机封的问题上与鲁班走在了一起，就充分说明了这一点。如果只有"利于人谓之巧"这么一套实用的标准，那鲁班发明的机封就必须得到表扬，因为它的用处很明显。可有的用处是要受到批判的，比如鲁班发明的这种机封就是。表面上说起来是机封不合礼仪，往深处说则是机封违背人心，而礼仪才是贴合人心的。

墨子论巧

在至亲之人去世之时，人心悲痛而不忍割舍，下葬时仪式的繁琐和沉重，正与当时的悲痛心情相贴合。现在倒好，鲁班弄一机关，轻轻松松就把棺椁放到墓穴了，这是要盼着快点把亲人埋了的节奏啊。可见，鲁班的这一发明问题实在太大了，而墨子论巧的思想不但无法形成有效的批判，反倒可能与鲁班走在一起，这就是"利于人谓之巧"的实用标准所存在的问题。

戎夷叹道

RONG YI TAN DAO

戎夷违齐如鲁，天大寒而后门。与弟子一人宿于郭外，寒愈甚，谓其弟子曰："子与我衣，我活也；我与子衣，子活也。我，国士也，为天下惜死；子，不肖人也，不足爱也。子与我子之衣。"弟子曰："夫不肖人也，又恶能与国士之衣哉？"戎夷太息叹曰："嗟乎！道其不济夫。"解衣与弟子，夜半而死，弟子遂活。谓戎夷其能必定一世，则未之识；若夫欲利人之心，不可以加矣。达乎分仁爱之心识也，故能以必死见其义。[1]

①《吕氏春秋·长利》。

这是一个讲戎夷与他弟子之间的故事，事涉贤与不肖、生与死，情节还颇富戏剧性，但关键是其中流露出的思想困境耐人寻味。戎夷是何许人也，无从考究，只是有人说到原作视夷或式夷，何门何派付之阙如。根据戎夷与弟子之间对话和行事的风格来看，颇似墨子后学一派。既有舍己爱人之举，亦有推理辩驳之意，更重要的是以利言义的风格，都与墨子的

思想高度契合。

　　事情的经过是这样的，戎夷带着他的一个弟子离开齐国去鲁国，由于天色已晚，鲁国城门已经关闭，师徒俩只得在城门外歇息一晚。可是，估计当时已是隆冬，天寒地冻，足以把人冻死，以至于到了两人当中必得有一人舍命把衣服贡献出来，才能有一个活下来的地步。正是在这样一种生死关头，师徒两人开始了一场奇葩的较量。戎夷以老师的身份对弟子说："我并非贪生怕死之辈，但我是国家高洁之士、栋梁之材，还等着为国家立榜样、做贡献，不能就这么轻易地死了。但你不一样，你是凡夫俗子一个，没有什么道德，这世上多你一个不多，少你一个不少。因此，就把你的衣服脱下来给我穿，你去死，我来活。"然而，做弟子的并不遵从老师的教导，反而振振有词地反驳道："既然我是没道德的人，怎么可能做出舍命救你这样有道德的事出来呢？"可能戎夷一听，也觉得是这么个理，于是长叹一声说："我原是一心想挽救天下乱世于有道之中，不想今夜竟然要冻死在这里，看来这天下是活该没救了！"说完他就把自己的衣服脱下来给弟子穿，结果就是自己被冻死而弟子活下来了。

一

读完这个故事，给人一种很直观的感受——古怪。这是由于对故事的主人公戎夷的所作所为，一时不知道该说什么好。我们没法去喜欢他，因为他居然在他与弟子之间分出一个贤与不肖来决生死，这是极容易招人反感的地方。但我们也很难讨厌他，他终究是牺牲了自己而让弟子活了下来，而且更重要的是，他最后的这一举动充分证明，他自许"为天下人惜死"并非虚伪。如果我们仅仅是既说不上喜欢也说不上讨厌，这也没什么古怪的，对于生活中的多数人我们可能都是这样。而对于戎夷，其实是在他的所作所为中，既有让我们感到极讨厌又有不能不让人很喜欢之处，是我们讨厌而不能、喜欢而不甘，这才导致了一种古怪的感受。然而，不管我们对戎夷抱一种什么样的复杂感受，都必须要能做出一个清楚的评判。在自己与他人面临生与死这样的重大关头，戎夷做出了他的判断与抉择，而我们需要做的就是给予正确的评判。必须通过这种评判的方式告诉人们，戎夷留给我们的是精神财富还是经验教训。对于戎夷的行为做出一个评判确实有难度，而且这种难度比我们乍看起来的那样可能还大得多。通过思想分析，可以将其中许多隐含的意味表达出来，既可能将原本就有些曲折的事变得更复杂，也可以将更复杂的事再一一化繁为简，从而做出明确的评判。只需具备足够的思想分析能力，这种评判一定是可以给出的，这是思想原本所具有的力量。接下来我们就可以展开具体的分析。

二

在评判戎夷的问题上，让我们觉得为难的，显然是他前后的言行表现得很不一致。能说出前面的话，就貌似很难做出后面的事；或者从后面的举动来看，很难想象怎么就说出前面那些话来。这种感觉并非空穴来风。假设一下戎夷的弟子听了他老师的话，那一夜活下来的是戎夷本人。这个故事再流传下来，戎夷恐怕就是千古罪人了。但实际上还有另外一种可能。如果单从逻辑推理上讲，戎夷的弟子反驳得不可谓无理，既然认定了一个没有道德的人，却还要指望他做一件特别有道德的事，这种想法确实有欠考虑。戎夷在听了弟子的反驳之后，想必也很懊悔自己太不明智。假设他先意识到了这一点，那么就不会再费那一番口舌，而是直接脱下衣服给弟子。故事要是这样流传，戎夷立马就变成传播正能量的感动中国人物。因此，依照戎夷前后不一样的言行，稍做假设就能推出完全不同的人物形象来，这充分说明确实容易让人感到前后之间的不一致，并且正是这种不一致，让人在如何评判的问题上感到为难。如果想要为戎夷点赞，就面临着前一种假设的可能性：即使活下来的是戎夷，也照样能让这种赞扬站得住脚。反过来，要想责难戎夷，也得面临后一种假设的情形：如果他什么也没说就脱了衣服给弟子，凭什么还可以照样指责他？所谓给出一种正确的评判，就意味着能经受住这种假设

的考验，无论是哪一种情形都可以成立。

　　然而，我们的分析可以进一步表明，戎夷的这种前言后行，我们感觉是有矛盾的，其实并非不一致。可以肯定地说，戎夷的头脑并没有出问题，而是我们的感觉出了偏差。戎夷虽说是一个名不见经传的人物，——不知道这是否与他在那一夜被冻死有关，——无从知晓他究竟有多大的思想能量，但要说他会在这生死关头前言不搭后语，这也太小瞧他了。戎夷前面所说的意思是，他在天下人与弟子之间，是想利天下人而舍弃弟子；而后面的行为表明的是，在弟子拒绝之后，他要么是利弟子，要么是谁也不利，于是他只有选择前者。因此，可以说戎夷的前言后行都是以利人为原则来衡量的，其间并没有什么不一致的地方。我们的感觉之所以出偏差，大概是觉得前面的话不过是一种虚伪的利己，而没有意识到也可以出于真实地利人。没错，戎夷并非贪生怕死之辈，我们大可不必怀疑他"为天下人惜死"的真实性，否则我们的分析也就失去了意义。如果只是一个贪生怕死之人，还有什么分析价值呢？明白了这一点，我们就不得不承认，戎夷的前

上
篇

【戎夷叹道】

97

言后行遵循了一贯的原则，并没有什么矛盾之处。这意味着什么呢？

既然戎夷只是在利天下人与利弟子之间进行权衡，而自始至终都没有利己的念头，那么这就意味着，如果我们认为他的这种利他精神是伟大的，即便那一夜活下来的是他，也丝毫没有削弱他的伟大。不仅如此，我们非但不应该为他最终舍命救弟子感到欣慰，反而应该替他感到无限惋惜。因为这使得他失去了利天下人的可能性，而仅仅只是利了他弟子一人而已，这只是一个次优的结局。因此，我们有理由真心希望那晚活下来的就是戎夷本人，哪怕这样完全有可能使得他背上贪生怕死的骂名，那也只是由于别人误解了他而理解不到他的伟大。既然他是如此全心全意地利他人，我们还有什么理由去谴责他呢？哪怕他若是真活下来也未必如他自许的那样利于天下人，那也不影响他那利人精神的伟大。在故事的结尾处有一段评论，大意就是这样：虽无从判断戎夷必定就能做出那么大的功业而利于天下人，但他那利人的用心则是无以复加、天地可鉴啊！

三

　　分析至此，对于戎夷这个人，我们似乎就可以做出评判了。难道我们不应该对这样一种"毫不利己，专门利人"的精神，表达崇高的敬意吗？然而，得出这样的评判结果，恐怕是始料未及的。之前觉得正是他舍己救弟子才让人有好感，怎么经过分析之后，反而只有他活着而让弟子去死才是最好的呢？这种完全颠倒个人感受的分析结果，不但没有化解之前的古怪，反倒新添了心头的别扭。问题到底出在哪里呢？应当说，整个分析过程并没有出错，而恰恰是分析的前提错了，即错误地肯定他的利人或利他精神。这个也许像奇谈怪论了。如果利他都是错的，那还有什么是对的？难道是利己么？当然不是。利己是错的，并不意味着利他就一定对。正如利己并不必然错，利他也不必然对，但以利为标准则迟早会犯错。当戎夷在利天下人与利弟子之间进行权衡时，这就犯了严重的错误。利是可以比较大小的，利天下当然远远大于利弟子，戎夷基于这一理

【戎夷叹道】

由而做出让弟子去死的决定，这看起来是站得住脚的。但实际上，直觉告诉我们，戎夷的这一决定是不义的。当两个人之间面临生死的抉择时，没有任何正当的理由可以让自己活下去而叫对方去死，哪怕是利天下的理由也不行。更何况，戎夷这事可是发生在师生之间，做老师的居然可以让自己活下来而叫学生去死，而且还叫得这么理直气壮，这怎么可能没问题呢？

这其中的问题就在于戎夷以利为义。我们感觉到分明是不义的事，在他那里却成为了一件义举。毫无疑问，戎夷对义的判断是有标准的，他的标准就是利。当我们"感觉"到他的行为不义时，其实就是"感觉"到他以利为标准是有问题的，或者是"感觉"到义的标准不应该在利这里。至于这个标准究竟在哪里，这恐怕不是能感觉到的。但只要我们能意识到这一点，即从这里意识到戎夷以利为义的做法是有问题的，则对戎夷的评判就可以从头重新开始。

当戎夷一开始在利天下与利弟子之间进行权衡时，他以利天下为理由做出的让弟子去死

的决定，之所以是犯了严重的错误，就在于此种情境中的生死抉择，究竟该做什么以及该如何做，根本就与利益大小没有半毛钱的关系。师生之间至少也是有情义的吧，做老师的怎么能在那样一种情境当中忍心看着学生死去？如果他能在这种情境中以利天下人为理由而让弟子去死，我们又如何能相信，他可以利天下人？一个可以眼睁睁地看着自己的弟子去死的人，如何让人相信他能拯救天下人？假设他能找到一种比利天下人更大的利，不就可以弃天下人而不顾了吗？这就是只以利为准则的恶果。如果只是从利的原则出发，一件利己的事情是错的，则利他也同样可能是错的；利少数人是错的，则利多数人同样也可能是错的。由是，戎夷基于利天下的理由让弟子死是错的，则其后基于利弟子的理由让弟子活也同样是错的。也许我们"感觉"到戎夷最终脱下衣服让弟子活下来是特别高尚的举动，但只要意识到正是同样的理由也可以让弟子去死，就不难判断出其实戎夷也没那么高尚。如果一定要只就他的行为结果来说一个"好"，那也可以说是好得很偶然、很有限。只要想一想，他的弟子

【戎夷叹道】

要是听了他的话就乖乖地脱下了衣服，他岂不是就丧失了这种"好"么？在那样一种情境当中，只有基于对学生的不忍而确保他的生命，这才是老师该做的事。也只有根本不忍于弟子的死，才能相信他可以不忍于天下人的苦难，为天下人来担负。

四

行文至此，究竟应该如何来评判戎夷的行为，就显得很清楚了。由于戎夷错误地以利为义，没有很好地做出义利之辨，从而导致他的行为显得很古怪。这当然不是他的人品问题，而是思想问题。两千多年以前就自觉或不自觉地以利来说义，时至今日却依然难以察觉这其间的问题，这就充分说明，义利之间相当难辨，义利之间又必须要辨。不然，在戎夷所面临的这种情境当中，我们差点都分不清是非了，更别说知道如何恰当地处置了。这大概是戎夷叹道留给我们最大的经验教训。

然而，虽说道理已明，却很可能仍然会有人在心里犯嘀咕，觉得戎夷已经做得够好的

了，却招致这样一种评价，未免太不公道了。

所谓"做得够好"，可能是料想要是换了别人，十有八九是威逼利诱或算计陷害，一个个都坏得很。戎夷怎么着都还主动脱下衣服让弟子活了下来，即便是之前打算让弟子去死，但他是考虑到自己可以为社会做出更大的贡献，也并非毫无道理。最重要的是，他自始至终都没有想着去逼迫弟子，没有搞成你死我活的斗争。既然道理已明，如果继续要坚持这样的姿态，再做分析就已然无益了。不如换个情境试试，如果跟着戎夷的不是他的弟子，而是他的儿子呢？戎夷作为父亲，能对他的儿子振振有词地表示，为了天下人的利益而选择让自己的儿子去死吗？或者，再换一个狗血一点的现代剧情，让一个手下有着千万员工的公司老总，与自己心爱的女人面临着这种生死抉择时，他能够以手下千万人的吃饭问题为由，选择让自己活下来吗？作为他的女人，当然可以认为，她的男人已经对她够好的了。比起那些完全不顾女人死活的男人来说，她的男人不是不想顾及她，只是在那种情境下顾不上而已。然而，即便她能理解也可以接受，她真的会从心底觉得他已经做得够好了吗？如果一个同样的这种老总，他毫不犹豫地选择让自己的女人活下来，作为一个女人，难道会不知道怎么评判吗？戎夷叹道并非很恶劣，也不是有多么悲哀，但如果我们已然丧失了做出更好期望的能力，那才是真正的悲哀。

止楚攻宋

ZHI CHU GONG SONG

子墨子见王，曰："今有人于此，舍其文轩，邻有敝舆，而欲窃之；舍其锦绣，邻有短褐，而欲窃之；舍其粱肉，邻有穅糟，而欲窃之。此为何若人？"王曰："必为窃疾矣。"子墨子曰："荆之地，方五千里，宋之地，方五百里，此犹文轩之与敝舆也；荆有云梦，犀兕麋鹿满之，江汉之鱼鳖鼋鼍为天下富，宋所为无雉兔狐狸者也，此犹粱肉之与穅糟也；荆有长松、文梓、楩枏、豫章，宋无长木，此犹锦绣之与短褐也。臣以三事之攻宋也，为与此同类。"王曰："善哉！……"①

①《墨子·公输》。

墨子有一个十分著名的思想主张，叫"非攻"，即反对攻战。在那个战火纷飞的年代，反对攻战是诸子思想主题中的应有之义。只不过，像墨子这样彻底反战而又亲历亲为者，也算是独此一家了。墨子终身奔走于列国之间，但凡听到哪个诸侯国有攻战计划，就匆匆忙忙赶去竭力阻止。据说墨子还真成功地阻止了

多场战争，而止楚攻宋就是其中的一个经典案例。

事情经过是这样的，墨子不知从哪里听到了楚国要攻打宋国的风声，他就赶紧去见当时的楚王，想阻止这场攻战。他见到楚王时，并没有直接谈战争的事，而是绕了个弯子，给楚王打了一个比方。他说："有这么一个土豪，放着自己家的豪车不开，去偷开邻人家的破三轮；放着自己在专卖店购买的品牌衣服不穿，去偷穿邻人家的地摊货；放着自己家的山珍海味不吃，去偷吃邻人家的窝窝头。您说这人是什么德性？"楚王一听就说："这人肯定有偷东西的毛病吧。"墨子接着说："您看，现在楚国幅员辽阔、地大物博，而宋国穷山恶水的，就那么一点破地方，这就好比豪车之与破三轮；楚国物产丰富，各种珍稀保护动物种类齐全，无论山上跑的还是水中游的，都应有尽有，可谓富甲天下，而宋国那是鸟不拉屎的地方，要啥没啥，这就好比山珍海味之与窝窝头；楚国山清水秀，森林覆盖面积广，拥有各类名贵物种，而宋国山上都找不到一棵像样的树来，这就好比品牌服装之与地摊货。就这么

【止楚攻宋】

一个状况，您却还要去攻打宋国，不跟刚才说那土豪没什么两样吗？"这楚王一听，连忙称好，还真觉得是这么回事。

当然，事情其实并没有完，楚王即便口头上占不了上风，也执意要攻打宋国。墨子也没这么天真，知道不是单靠嘴皮子上的功夫，就能让楚王罢休的。毕竟楚王一个堂堂国君，哪有那么好忽悠啊。他与楚王是见招拆招，一会儿纸上谈兵，一会儿又亮出肌肉，也算是使出浑身招数，最后还是成功将楚王逼停。由于精彩之处主要在前头，后头部分就不细说了。

一

墨子止楚攻宋的事迹充分显示出，他是个十分有能耐的人，可以说是相当的厉害。别的不说，光是这前头与楚王的一番对话，就特别有说头。这楚王计划攻打宋国，肯定也不是小孩子过家家，说出来闹着玩的。可愣是经过墨子的一番说辞，将这楚王的攻打，说成跟那些盗窃成瘾的人差不多，要不偷点什么就手痒痒。墨子通过这一比方，相当于是对楚王说，

你攻打宋国，实际上不是要抢到什么值钱的东西，只不过是手心发痒在作怪。要命的是，这楚王也觉得说得好，承认就是这么回事。可这不科学啊！晚周时期，天子势微，列国争强，诸侯混战，要说有多正义肯定说不上，但怎么就跟盗窃成瘾的人扯到一块了呢？手心发痒想偷东西，这要是搁在今天，属于心理疾病。那周秦之间怎么就成了一群有心理疾病的人在混战呢？这不是太搞笑了吗？这究竟是怎么回事，其实还是跟墨子打的比方有关。墨子的这个比方看起来十分奏效，至少成功地将楚王套牢了，但只要经过仔细的分析就不难发现，这只是听起来像那么回事，实际上并不真正具有说服力。

回顾一下诸侯王发起攻战的用意，就是想通过侵占他国来掠夺财富，可以统称为追逐利益。楚王攻打宋国，他能图什么呢？楚宋之间虽有强弱之别，但墨子那个比方打得实在是出入太大了。楚国要是打败了宋国，肯定是能捞到不少好处的。墨子不可能不明白这一点，只是变着戏法嘲讽一下楚王，那是解决不了问题的。他最终是想向楚王证明，打败宋国没那

【止楚攻宋】

么容易，搞不好到最后好处没捞着，反而赔了夫人又折兵，这才真正让楚王罢休。可见墨子反对战争的思路，其实是顺着诸侯王谋利的欲望来说的。诸侯王想通过攻打别国来掠夺财富，而墨子则设法告诉他们，这个如意算盘打错了。仔细琢磨一下墨子打的那个比方，他这是什么意思？莫非是说，楚国那是由于攻打宋国这样一个没什么油水可以捞的穷国，所以才会遭到讥讽。那楚国要是攻打一个有油水可捞的国家呢？比如说，是像美国这样的超级大国去攻打中东石油国家呢？按照墨子的这个比方，土豪去偷邻人家的东西是有窃疾之嫌，那反过来邻人偷土豪家的东西，岂不就没什么嫌疑了？这样一来，美国攻打伊拉克，那就成了再正常不过的事情了。墨子会是这样一个意思吗？墨子当然不是，但仅就他的这一比方而言，却避免不了这种质疑。

二

我们并不是要揪住墨子的这一比方不放，任何一个比方都有可能存在漏洞。我们也不是

为了分析墨子的这一个比方，而是要关注他反对攻战的思路。这一比方充分反映出，墨子反对攻战是完全顺着诸侯王追逐利益的诉求来说的，而这正是他自始至终保持的一贯思路。面对诸侯王打算发起的种种攻战，墨子总是想方设法说服他们，力图以这种方式争夺利益，是绝对不划算的。墨子特别热衷于计算攻战成本，他一笔一笔地掰着手指头算给那些诸侯王听。比如发起一次攻战，不知要消耗多少弓箭、盾牌、盔甲、长矛、兵车之类的物资，消耗多少牛、马之类的牲畜，也不知因饥饿、疾病死伤多少百姓，等等，②这统统都是巨大的浪费。大概在墨子看来，无论什么样的攻战，无非就是导致各种各样惊人的浪费，既浪费巨额的物资，又浪费大量百姓的生命。而这些在战争中浪费掉的巨大财富，原本都是可以供给百姓吃和穿的。但诸侯王显然不是不知道攻战的巨大消耗，每一个侵略者都十分了解战争是怎样烧钱的。可问题是，侵略者总觉得，如果战争打赢了，将会获得更大的利益。虽说并不总是胜券在握，但高风险就有高收益，只要能侥幸赢个一两次，说不定就赚大发了。

【止楚攻宋】

②今尝计军上，竹箭、羽旄、幄幕、甲盾、拨劫，往而靡弊腑冷不反者，不可胜数；又与矛戟戈剑乘车，其列住碎折靡弊而不反者，不可胜数；与其牛马肥而往、瘠而反，往死亡而不反者，不可胜数；与其涂道之修远，粮食辍绝而不继，百姓死者，不可胜数也；与其居处之不安，食饭之不时，饥饱之不节，百姓之道疾病而死者，不可胜数。丧师多不可胜数，丧师尽不可胜计，则是鬼神之丧其主后，亦不可胜数。
（《墨子·非攻中》）

111

可墨子会说，即便是侥幸打赢了，也未必能赚多少。诸侯王往往为了夺个几里地，而不惜以死伤士兵为代价。如果说这得来的几里地，就比那些丧生的士兵更划算，这倒也罢了。但问题恰恰在于，每个诸侯国都不会缺少有待开垦的土地，而缺少的正是能开垦的人力。现在却要用不足的人口去争那有余的土地，这哪是治国者该做的事啊！不能说墨子的话没有道理，人口不足而土地有余，这肯定是实情。诸侯王做的那些个攻战之事，未必就没有这样的蠢事。牺牲了大量的士兵却得来几座空城，这确实就是得不偿失。其实还有很多情形下的战事，战败了不必说，即便战胜了也未必就划算。将投入的人力、物力、财力作为成本一核算，然后跟作为战利品的收入一比较，一定会有大量的情形是属于墨子所说，其所得远不如其所失的多，绝对是一场亏本的买卖。[3]不过，即便完全按墨子的这一思路而言，历史经验也会表明，肯定还是会有少数战争大获全胜之后，赚了个盆满钵满的，那又该怎么说呢？没想到，这也难不倒墨子的智慧，他早料到

③计其所自胜，无所可用也。计其所得，反不如所丧者之多。今攻三里之城，七里之郭，攻此不用锐，且无杀而徒得此然也。杀人多必数于万，寡必数于千，然后三里之城、七里之郭且可得也。今万乘之国，虚数于千，不胜而入广衍数于万，不胜而辟。然则土地者，所有余也；王民者，所不足也。今尽王民之死，严下上之患，以争虚城，则是弃所不足，而重所有余也。为政若此，非国之务者也。（《墨子·非攻中》）

了有这么一种情形得应对。

墨子承认，在大量的攻战当中，是有那么极少数的几个国家胜利之后发了战争横财。但如果放到不计其数的国家因攻战而亡这一大背景中，那么这少数几个国家只能算是赢得很侥幸。用我们今天的话说，这是一个概率极低的事情，而且低到让人觉得这事根本就不靠谱。那个时候的墨子就具备了这种概率意识，也算是了不得的事。为了能把这个意思说得再清楚一点，墨子又打了一个比方，说这就好比一个医生用药，他的药给一万人服用了，结果只治好了四五人的病，其余的人都一命呜呼了，难道还有谁能说这药靠谱吗？④这就是说，谁要是还因为有极少数国家最终获利而主张发起攻战有利可图，那岂不是成了甘愿拿自己的命去赌那不靠谱的药，整个儿一亡命之徒吗？墨子也真是会打比方，这听起来是相当说明问题，有效地维护了反对攻战的思想立场。经过这一步步地阐述，墨子成功地宣告了，国之攻战一定是既让别国吃亏，也让本国捞不了好处。只要想想，历史上有多少国家由于战争而拖垮

④虽四五国则得利焉，犹谓之非行道也。譬若医之药人之有病者然。今有医于此，和合其祝药之于天下之有病者而药之，万人食此，若医四五人得利焉，犹谓之非行药也。故孝子不以食其亲，忠臣不以食其君。（《墨子·非攻中》）

【止楚攻宋】

了国力，最终由强变弱，又有多少国家因战争而亡，永远消失，这也说明历史经验充分证实墨子所言不虚。

三

不过，话说回来，墨子的思路仍然还是有问题的。诸侯王为了追逐利益而发起攻战，而墨子则同样站在利益的立场来阻止。概括地说，这是以"利"攻"利"的思路，通过将那些以争夺利益的名义发起的攻战，生生地论辩成是得不偿失的事，从而达到以"利"发动又以"利"止息的目的。墨子就是以这种思路，硬是把那原本就"唯利是图"的攻战立场给驳斥了回去，让那些个诸侯王觉得原来发起攻战就是一挺没谱的事。表面上看起来，墨子的论辩显得头头是道，但实际上隐藏着极大的问题。历史经验貌似充分证实了墨子之言，可历史也分明告诉我们，人类的战争从来就没有停息过。也就是说，那些好战分子压根就不在乎墨子所揭示出的低概率的真相。这又是怎么回事呢？

还是可以从墨子打的比方来说。当他承认是会有少数几国在攻战中得利时，试图用医药之事的类比来驳斥攻战的主张，这是站不住脚的。类比只是方便把问题说得更明白，尽管这一效果看起来是达到了，可若是类比本身就不恰当，这种效果就没有任何意义。医药之事容不得冒险，但国之攻战难道不正是一件冒险的事吗？一个赌徒肯定不适合做医生，但说不定做一个指挥官就正恰当呢。假设那些个好战分子一个个像医生用药那般谨慎，那这天下肯定就太平了。在这个意义上，好战分子肯定不会像医生，而只会像赌徒。低概率的事情在医生那里当然不能容忍，但这却正是赌徒的最大嗜好。我们今天的博彩行业恰恰说明，低概率根本构不成否定一个事物可以存在的理由。因此，无论墨子怎样强调发起攻战，总是损失惨重的多，对于一个好战分子来说，这都是无效的。正如明明知道十赌九输，可偏偏就是有人好赌，这两者的道理才是相通的。因此，我们不妨可以试着将墨子这一用药的比方换成赌博，再看看效果就十分清楚了。

四

最后回到止楚攻宋的事迹上来，墨子反对攻战，这本身是非常有价值的。只要人类还有战争的存在，墨子的这一思想主张就不会过时。而且墨子亲历亲为，成功阻止了好些战争，这种精神更值得后人景仰。不过，反对错误本身并不意味着就天然地拥有了正确。我们总是容易看出别处的错误，然后就不假思索地积极反对。殊不知，我们很可能是以一种错误在反对另一种错误，却还自以为通过反对就拥有了正义的力量。比如，男权主义是错误的，但只要是通过反对男权主义而变成女权主义，这就正确了吗？再比如，恐怖主义是错误的，但只要通过反对它就拥有了正确吗？美国喜欢干涉他国内政是错误的，可我们又是凭什么在反对美国的这种错误呢？可见，反对错误往往是容易的，以一种什么样的正确性来反对，这才是很难的。我们在生活中的小事上更容易犯这种错误，很多无谓的争执，都可能是由于自以为从反对他人的错误上就获得了正确性。

总之，墨子以"利"攻"利"的反战思路

是错误的，既无法真正坚守住反战的主张，更可能被对手所利用而导致更大的恶。墨子之后的韩非延续了这种言"利"方式，却成为秦王朝好战的思想武器，从思想渊源上讲，焉知不是拜墨子所赐？

清少的生活世界

庄子

的生活世界

下◎篇

庄周梦蝶

ZHUANG ZHOU MENG DIE

昔者庄周梦为胡蝶，栩栩然胡蝶也，自喻适志与！不知周也。俄然觉，则蘧蘧然周也。不知周之梦为胡蝶与，胡蝶之梦为周与？周与胡蝶，则必有分矣。此之谓物化。①

①《庄子·齐物论》。

庄子名周，"庄周梦蝶"可谓是千古一梦，历代以来有多少人为之津津乐道。我们平常人谁还不得经常做一些梦，但又有谁能像庄子这样梦得这么深沉，而且还梦得周、蝶不分。庄子这一梦肯定是梦出了一个绝大的问题，他既非神志不清，亦非癫狂入魔，何以就分不清现实中的他与梦中的蝴蝶了呢？作为思想家，他这一"觉"，必定不只是从一蝴蝶梦中觉醒过来，而是对一人间世的"觉"。但不就是个梦嘛，有这么玄乎吗？还是先看看他到底是如何描述这个梦的。

庄子是个多梦的人，他不止一处讲过他的梦。当然，还是数他的这个蝴蝶梦最为著名。他有一次梦见自己变成了蝴蝶，按理这也没什么好

【庄周梦蝶】

说的。现在的小孩做梦估计是变成机甲怪兽什么的，一只蝴蝶实在是太平常了。庄子做梦变成的那只蝴蝶在山花烂漫中飞来飞去，大概有点春暖花开、阳光明媚的味道，感到特别惬意。不知道是由于梦境太美好而感觉特真实，还是由于梦境太真实而感觉特美好，总之庄子的这蝴蝶梦就是做得既真实又美好，压根儿就不知道还有庄子这回事。可惜好景不长，庄子突然惊醒过来，发现自己原来是直挺挺地躺在这张破床上，家徒四壁的凄凉景象，与刚才在花丛中飞来飞去的美好情境相比，这种鲜明对照不禁让庄子心生狐疑——究竟是现在的庄周刚刚做梦变成了蝴蝶，还是刚才的蝴蝶现在做梦变成了庄周？可庄周梦蝶与蝶梦庄周必有不同，现在却搞不明白了，这就是所谓的"物化"吧。

一

庄子这个梦的关键之处就在于，他在醒来的那一刻，突然就感觉到分不清是他在梦蝶还是蝶在梦他。不管庄子是真有那么一刻神情恍惚了，还是只不过作为思想家就这么一说，

可这个问题却实实在在是很重大的。或许我们平常人觉得奇怪，哪有连现实中的我与梦中的蝴蝶都分不清的，以为不至于到这个程度吧，那只是由于我们的成见太深，已经意识不到问题的可能性。对于我们来说，有一个确定的"我"在这里，这是从未有过怀疑的。正是基于自我的确定性，才使得我们对现实中的自我与梦中的事物两者之间的界限，不会发生任何怀疑。但事实上，在哲学的意义上，这个确定的"我"是怎么来的，恰恰是需要追问的。

尽管我们如此坚信一个确定的"我"，但要真正动摇一下倒也不是什么难事。只要回想一下我们向别人描述"我是谁"的时候，一定是通过身份、角色、职业等各种社会经验或具体的人伦关系来表达。当然，也包括性别、年龄、身高等生理经验。我们可以仔细想一想，所有这些用来描述"我是谁"的因素，由于经验层面上的偶然性，都有可能发生变化。比如，当我向别人描述"我是四川大学儒家哲学方向的研究生"时，其实无论作为学校的"四川大学"、作为专业的"儒家哲学"，还是作为身份的"研究生"，对于一个确定的"我"而言，都不具有必然性。其

【庄周梦蝶】

中任何一个因素的变化，都不会影响到一个确定的"我"成为另外的一个人。我不研习儒家哲学或不在四川大学读研甚至没有考上研究生，我依然还是那个"我"，这是一个所有人都认识得了的生活常识。然而，若是由此推理，我们用来表达"我是谁"的所有因素，对于一个确定的"我"而言，又有哪些是必然的呢？我们有可能找得到一些构成"我之为我"的确定内容吗？如果我们连性别都可以发生变化，那究竟还有什么于"我"而言是必然不变的？而既然我身心上的一切都并非是确定不变的，这就太令人奇怪了，我们究竟凭什么认为有一个确定的"我"？支撑这样一个"我"的确定性内容又是什么？

如果我们肯花上一点时间朝着这个思路细细思量一番，结果必然是动摇我们自以为十分确定的"我"。既然这样一个确定的自我有可能并不存在，那现实的自我与梦境的蝴蝶真有那么确定的界限吗？可见，庄周梦蝶的问题并非虚设，庄子是以其独特的方式在思考"我是谁"这样一个古老的哲学问题。也许有人会觉得是不是过度解释了，毕竟这字里行间没透露半点这方面的信息。那就不妨看看庄子讲到的另外一个故事。

　　有一个叫南郭子綦的人，他靠着桌子像丢了魂一样地坐着。身边的弟子问道，您今天形如槁木、心如死灰的，跟往日情形可大不一样，这是怎么回事？南郭子綦就说，今天吾丧失了"我"，你明白不？你听过"人籁"，只怕没听过"地籁"；听过"地籁"，只怕没听过"天籁"。然后他跟弟子提到大风起时吹过山林发出的种种呼啸声，尤其是详细描述了吹过大树上各种窍穴时，发出无数种不同的声响。弟子听完问道，地籁是您所描述各种窍穴所发出的声响，人籁倒是您不说我也知道，是指人制作竹管吹出来的声音，那么天籁到底是指什么呢？南郭子綦神秘地说，大风吹过窍穴发出千万种不同的声响，那都是各自所取，并没有一个作用者在那里。②故事到这里就戛然而止，而谁知道天籁究竟是怎么一回事？但有一个信息是明确的，即庄子借助于南郭子綦所说，吾丧失了"我"，原话叫"吾丧我"，这铁定跟"我是谁"的哲学问题直接相关。为什么这样说呢？

②南郭子綦隐机而坐，仰天而嘘，荅焉似丧其耦。颜成子游立侍乎前，曰："何居乎？形固可使如槁木，而心固可使如死灰乎？今之隐机者，非昔之隐机者也。"子綦曰："偃，不亦善乎而问之也！今者吾丧我，汝知之乎？汝闻人籁而未闻地籁，汝闻地籁而不闻天籁夫！"子游曰："敢问其方。"子綦曰："夫大块噫气，其名为风。是唯无作，作则万窍怒呺。而独不闻之翏翏乎？山林之畏佳，大木百围之窍穴，似鼻，似口，似耳，似枅，似圈，似臼，似洼者，似污者；激者、謞者、叱者、吸者、叫者、譹者、宎者、咬者，前者唱于而随者唱喁。泠风则小和，飘风则大和，厉风济则众窍为虚。而独不见之调调、之刁刁乎？"子游曰："地籁则众窍是已，人籁则比竹是已。敢问天籁。"子綦曰："夫吹万不同，而使其自己也，咸其自取，怒者其谁邪！"（《庄子·齐物论》）

【庄周梦蝶】

二

稍有古文常识的人都知道，"吾"与"我"都是古文中经常使用的第一人称。从语法的角度讲，"吾"与"我"有一些细微的区别，但一般不太做区分，到现代汉语中则完全以"我"代替了"吾"。在哲学的意义上，"吾"与"我"可以做出很大的区分。凡是向别人描述自己是谁的时候都用"我"的自称，而凡是用"吾"作为自称的，都不在于描述自己，而是为了表达自己的言行举止或喜怒哀乐，或者就是在搞内心独白。所有用来描述自己是谁的内容，均不离种种人我、人物、人事之间的对待关系。这些内容都来自社会经验，在用来向别人描述自己是谁的同时，恰恰又需要具有松绑的意识，而不能固化于其中。比如"我是儒家哲学方向的研究生"，这用来描述自己是谁，可同时也要意识到，我要不是儒家哲学方向的，或者就不是研究生，我也还是那个我，不能让这些身份将自己固化了。这似乎说起来是废话，其实不然。有那么多的局长、厅长或董事长什么的，有多少人离了这层身

份，还依然能健健康康地说我还是那个我？这就是将自己固化在某些身份或角色当中，被它带着走而忘了自己是谁所导致的。

这是用"我"做自称，而用"吾"做自称就不一样。比如表达"每天要在三个方面反省自己"③，这个就应该用"吾"来自称。这用来表达自己的行为，而不是描述自己是谁，"反省自己"这一行为不能作为描述自己是谁的内容。还有表达"自己忧虑德性得不到提升"④，这种喜怒哀乐之情的流露，同样也不能作为描述的内容。当别人问你是谁的时候，你不可能通过"我在做什么"或"我在感受什么"来回答，这种言行举止或喜怒哀乐的表达，就得用"吾"来自称。在此区分的基础上，再来分析庄子所谓"吾丧我"就比较好理解一些。

三

"我"不要固化于种种社会身份、角色或职业当中，但毕竟又要通过这些内容来描述自己。但庄子不会仅仅满足于松绑的意识，而是主张彻底地消解，因此就说是"丧我"。不

③曾子曰："吾日三省吾身：为人谋而不忠乎？与朋友交而不信乎？传不习乎？"（《论语·学而》）

④子曰："德之不修，学之不讲，闻义不能徙，不善不能改，是吾忧也。"（《论语·述而》）

庄周梦蝶

127

管我们凡夫俗子是否有可能做得到，反正在庄子看来，不光是自己在社会生活中所获得的种种身份特征，即便是肉身上的种种生理特征，都可以统统消解掉，或者用通俗的话说，就是彻底忘掉。这就是"丧我"，之后剩下的不知道还有什么，反正那算是"吾"了。"我"在世俗的社会生活层面，追逐并纠缠于各种身份或角色当中。这就如同人籁，人吹奏着被制造出来的乐器，有一个意志时时刻刻在主宰着发出什么样的声音。如果我们不去做这种追逐和纠缠，虽置身于社会生活当中而应和着种种人事，却没有哪一样是有意为之。这就如同地籁，随着一阵风的吹过而万窍怒号，其所发出的不同声响，只是因为风的作用，而没有一个意志在把捉。

在人籁的层次上，人制造乐器就好比是在订制自己的身份角色，吹奏乐器就对应着带着这身份角色去谋划造作，而一个一个地将音按自己的意愿吹奏出来，就是在刻画人的处心积虑、步步为营。在地籁的层次上，不同窍穴是自然生成而非人为制造，描述的是人不追求自己的角色身份，随风吹过而非人为吹奏，则描

绘出人也不谋划具体的人和事，此时的万窍声响是描画人在社会生活当中对人和事的自然应和，没有一个主体意志在起作用。不过，在这一层次上，终究将吹过的风当作一种天的自然作用，以为万窍的不同声响是风所致。这就意味着，在消解主体意志的时候，可能又保留了冥冥之中的力量。这就有沦为宿命论的危险，将一切都托付给神秘的力量，这也不符合庄子的风格。在天籁的层次上，风对所有窍穴的作用是一样的，而万窍所发出的声响各不相同，并没有自我意志的主宰，也没有神秘力量的作用，仅仅是因不同窍穴自身的差别所导致的。

庄子经由"人籁""地籁""天籁"之喻，是要阐明，"丧我"之后的"吾"，就如同"天籁"一样，不同声响都是窍穴自身的反应，并无任何意志在发生作用。这种意义上的"吾"，形如槁木，心如死灰，社会生活当中的人和事在"吾"处的不同应和，就如同万种窍穴随风而发出的不同声响。庄子的这种阐明，也能获得"吾"与"我"在字源上的配合。"我"字象兵器之形，有杀伐之义，庄子必定不喜欢，欲除之而后快。

"吾"从口，五声。"口"正可对应自然之窍穴；"五"的古字形像天地之间阴阳交错，正可对应自然力量自在自为的流变运行，"自我"的"我"无处容身；"五"又是数词，对应着"五官"，消除自我，徒具"五官"，不正是最自然本真的"吾"吗？庄子的意思是，任由那社会生活中的人和事如何纷至沓来，只当是那一阵风起，身上的那些个窍穴该怎么声响就怎么声响，哪还有一个确定的"我"在那里起作用啊？根本就没这回事，只有一个"吾"而已。

庄子的"吾丧我"，就在于消解这样一个确定的自我。一旦自我的确定性被动摇了，则"庄周梦蝶"究竟是周梦蝶还是蝶梦周，自然就成了问题。庄子并非为了制造问题，他消解自我确定性的目的在于获得适意的人生。这倒不难理解，人生的诸多烦恼和困扰，皆始于执着自我而终于迷失自我。若连自我的确定性都消解了，平时那种斤斤计较或拼死拼活都不知道是为了谁，那还不啥事都没了。消解了那个手持兵刃的"我"，"吾"与"吾"的相处不就都惬意了么？

四

　　庄子的想法也不算奇特，不要执着于自我的告诫历代不绝于耳。但对于凡夫俗子而言，消解那个确定的"我"，既难以理解，亦不可接受。借助于"庄周梦蝶"，提醒一下世人不要固化于既定的身份而迷失自我，这是有益的。至于"吾丧我"之说，人们除了对形如槁木、心如死灰有印象之外，估计也就不明所以了。面对庄子对自我确定性的质疑，其实并非只有消解一途。自我未必就一定是一连串偶发性经验的总和，在应对和处置现实中偶发性的经验过程中，总会有一种普遍必然的道理存在。自我所遭遇的经验可以是很偶然的，但自我所应对和处置经验的道理却是普遍必然的。由此自我就不总是只与偶发性的经验相关联，而是可以体现出普遍必然的道理，从而使得自我体现出确定的意义来。自我不再是飘忽不定的经验总和，而成为道理的必然呈现。

　　这样来说也许有些哲理化，换一种通俗的说法就是，当我们回望自己的人生历程时，通常的感受可能是，如果有机会，一定想换一种

【庄周梦蝶】

活法。这种感受就说明，我们的过去只是一连串偶发性经验的总和，自我没有树立起真正的确定性。但是否有这样一种可能，我们在回望过去的时候，是这样一种感受——如果再有机会，我也一定还会这样来活；即便再给我若干次机会，我也始终会这样来活？或者再借用影视剧里流行的穿越手法，假设我们有机会穿越到过去的某个时候，又会怎么样呢？过去的不同选择意味着不同的人生道路，当我们有机会穿越到这些人生的十字路口时，总是会抱着好奇心理去穷尽各种可能的选择吗？还是会坚定地只做出那样一种选择？如果是前者，则各种选择对于自我而言都是偶然的；唯有后者可以说明，存在一种必然的选择可以成就最真实的自我。经验选择的偶发性并不一定会影响自我的确定性，最真实的自我恰恰是可以于一种确定的选择中呈现出来的。可见，面对自我可能出现迷失和异化的危险，并非只有跟随庄子走消解一途，而完全可以努力追求那最真实的自我。孔子自十五志学到七十从心所欲的生命历程④表明，这一点也不虚妄。

④ 吾十有五而志于学，三十而立，四十而不惑，五十而知天命，六十而耳顺，七十而从心所欲，不逾距。(《论语·为政》)

桃应问曰："舜为天子，皋陶为士，瞽瞍杀人，则如之何？"孟子曰："执之而已矣。""然则舜不禁与？"曰："夫舜恶得而禁之？夫有所受之也。""然则舜如之何？"曰："舜视弃天下，犹弃敝蹝也。窃负而逃，遵海滨而处，终身诉然，乐而忘天下。"①

① 《孟子·尽心上》。

　　桃应是孟子的弟子，他向老师假设了一个舜父杀人的情境，然后问作为天子的舜该如何处置。舜的父亲名叫瞽瞍，双目失明，据说是历史上有名的恶父。他和后来的妻子即舜的后母，以及舜同父异母的弟弟象，三人合伙多次加害于舜，想置舜于死地，只是一直没有得逞。一个对自己的亲生儿子都下得了手的人，假设他杀人，倒是一点也不委屈他。但这个时候，舜作为天子该怎么办，确实是极具挑战性的论题，桃应将问题问得相当尖锐。桃应是这样问的，他说："舜作为天子，皋陶是司法官，如果舜的父亲瞽瞍

杀了人，该怎么办呢？"孟子回答说："那还能怎么办，皋陶去把瞽叟抓起来就是。"桃应就说："难道舜会眼睁睁地看着皋陶去抓而不禁止？"孟子说："舜怎么禁止得了？皋陶去抓杀人犯难道还有错吗？"桃应接着问："那舜难道不该做点什么吗？"孟子最后说："舜能够做的，就是毫不犹豫地放弃天子的身份，然后偷偷地背上自己的父亲逃到天涯海角，以能一辈子孝顺自己的父亲为乐，而不以放弃富有天下为憾。"

一

　　不知作为弟子的桃应听完老师的话，心里会怎么想。他是完全释然，还是更加困惑了呢？桃应到底会怎么想，我们无从得知，但我们听了孟子替舜做出的安排，各人会怎么想自己心里都清楚。至少会有一大拨人激烈地谴责孟子，还有一大拨人温和地迷惑不解。对孟子的安排感到心悦诚服的，必定是凤毛麟角。激烈谴责的理由很简单，两千多年的裙带关系和亲缘腐败，都拜孟子所赐。别人的父亲杀了人

就知道将他抓起来偿命，自己的父亲杀了人却还想背着跑路，这么明目张胆的腐败行为，居然还好意思记录在经典当中。

做这种谴责的人头脑太简单，根本不懂孟子在说什么。其实，他们脑子里以为的所谓腐败行为，孟子一开始就排除在外了。如果舜以天子的身份禁止皋陶去抓捕瞽瞍，这才叫以权谋私，是明目张胆的腐败行为。头脑聪明的现代人，是没注意到这个细节吗？至于舜以老百姓的身份，偷偷背着自己的父亲逃跑，这其中的意味现代人却无心去体会，或者根本就体会不到。当然，也许还有人会质问，舜的父亲杀了人就该承担这一罪责，舜作为儿子，怎么就不能成全自己的父亲来承担这一罪责呢？这话看似有几分道理，前半句倒是毫无问题，瞽瞍当然该承担罪责，而舜作为儿子，绝对没有要为自己的父亲开脱之意。后半句说得轻巧——如果瞽瞍被判秋后问斩，那为了更好地让儿子成全父亲，是不是该让舜亲自操刀，将瞽瞍的头颅砍下来呢？

态度温和一些的觉得相当困惑，理由也很简单。舜将天下人放一边不管不顾，就为

了自己的父亲逃走了，这样是不是有点不厚道？难道天下人加起来的分量，也抵不过一人之父亲来得重要？还有，舜背着自己的父亲逃走了，那受害人怎么办？只顾自己的亲人不受伤害，就不管受害人的亲人承受着怎样的伤害吗？这两种困惑倒是可以理解，主要问题出在没把事情看清楚上。前一种困惑很容易解答，只要换一下情境就可以了。如果舜眼看着自己的父亲不慎溺水，他必须赶紧跳到水里营救。但问题来了，由于水流湍急，他要是跳下去，很可能自己性命不保，再也不能治理天下了。那这个时候，一边是天下人，一边是他父亲，两难的情况下他该如何选择？难道舜可以眼睁睁地看着自己的父亲溺亡，然后心安理得地说，我一人之父亲与天下人相比，实在微不足道，为了天下人，我只好忍痛舍弃父亲了？谁都知道这很荒谬，那舜窃负而逃又有什么不一样呢？至于受害人的亲人所受的伤害，怎么能说舜是不管不顾呢？难道我们居然可以想象，舜背着父亲逃走了，一想到受害人的亲人，会是一脸的幸灾乐祸吗？舜倒是想顾及，但他顾

【窃负而逃】

及得了吗？反过来，舜何以能感受到受害人亲属的不幸？必定是基于他不忍自己的亲人遭遇不幸。如果他忍得了心让自己的父亲受到伤害而无动于衷，凭什么认为他还能感受到别人的不幸？

二

对于很多人来说，无法接受舜窃负而逃的选择，始终有一道迈不过去的坎，就是瞽叟太坏了。瞽叟作为父亲，整个儿一恶父的形象，却还要安排做儿子的舜来做这种抉择，这就让人受不了。这确实道出了一个非常关键的点，如果瞽叟是一位慈父，则舜窃负而逃就容易让人接受。不管其中的道理是什么，至少在人情上过得去一些。然而，要是这样看待的话，那才真有可能成了亲缘腐败。在人情上将就着过得去，可在道理上却不明不白，那儒家成什么了？在舜窃负而逃的问题上，舜父是一个什么样的形象，并不会影响窃负而逃的价值。如果我们觉得，只有一个人对我们好，才值得我们对他好，用

这种意识去看待父子关系，就说明我们完全理解不到父子关系的独特之处。舜之所以选择窃负而逃，唯一的也是最充分的理由就是出于人子对父亲的爱。如果我们表示接受不了，那只能说明，我们已经无法理解父子之爱可以达到怎样的程度。

也许有人不愿意这么承认，那我们又可以试着转换一下情境。假如我们面对的不是舜与他的父亲，而是一个帝王与他深爱着的女人。这个帝王不爱江山爱美人，不仅为他的女人放弃整个帝国，而且还忍受着这个女人的背叛。最好是这个女人最后变成了女魔头，遭到天下人的追杀，而这个男人却心甘情愿和她逃到天涯海角。面对这种狗血剧情，很多人不但理解起来毫不费力，还经常感动得一把鼻涕一把泪。奇怪的是，我们能理解男女之间的爱到这种程度，却不能理解一个人子对父亲那种无限的爱，甚至我们都不愿意承认这一点。这究竟是什么缘故？我们倒是真把爱情当回事，却有意在淡化亲情的力量，这难道不值得我们反省吗？

舜选择窃负而逃，还有一个意思必须

明辨，即舜不是在任何意义上为自己父亲的罪责开脱，不是出于认定自己的父亲不该受到制裁，更不是要包庇或纵容自己的父亲犯罪。孟子在表达舜背着自己的父亲逃走时，特意用了一个"窃"字，即是指偷偷逃走。这其实是为了表明，舜的这种行为并非是要搞公开对抗，而仅仅是出于内心不忍父亲受伤害，如此而已。舜放弃天子身份，作为一个普通百姓，唯一还能做的一件事，就是偷偷背着自己的父亲逃走。虽说能逃走的可能性很小，而且即便成功，也不可能沾沾自喜。父亲杀人所犯下的罪行，不是与自己不相干的事情。始终相信自己的父亲总是会有变好的可能性，而且以全部的心力去唤回父亲善良的本性，这是舜窃负而逃的真实用心。因此，这绝非要纵容自己的父亲，而是比任何其他人都更为迫切渴望父亲成为好人。一个好的文明、好的社会、好的法律，不应该去破坏和扼杀父子之间这种最真实无妄的爱，而恰恰是要去呵护和成就它。

三

　　孟子师徒对舜窃负而逃的讨论，其道
理直接源于孔子提出的"父子相隐"。据说
有一个叫叶公的人曾向孔子说："我们那里
有一个叫直躬的人，他的父亲偷了别人家
的羊，他就跑到衙门里去报官。于是大家
都称赞他有'直'的美德。"孔子就回应
道："我们那里被称为'直'的人可不是这
样的。父亲偷了羊，儿子会隐瞒，儿子偷了
羊，父亲会隐瞒，'直'是在这种相隐中体
现出来的。"[2] 很显然，舜父杀人是此处其
父偷羊的极端化，同时又将其子的身份极端
化为天子，将原本还算缓和的局面极端尖锐
化。不过，我们已经对舜窃负而逃做了细致
的分析，再来阅读父子相隐应该不会觉得太
难接受。这里主要涉及了一种被称为"直"
的品格，这对于理解父子相隐或窃负而逃十
分关键。有点蹊跷的是，两种完全对立的做
法，怎么会有人认为那样是"直"的表现，
而孔子却主张这样才是"直"呢？其实类似
的情形在孔子那里还发生过一次。

②叶公语孔子曰：
"吾党有直躬者，
其父攘羊，而子证
之。"孔子曰："吾党
之直者异于是。父为
子隐，子为父隐，直
在其中矣。"（《论
语·子路》）

有一个叫微生高的人，他的邻居做饭的时候突然发现醋用完了，于是急急忙忙地敲开微生高的门，想跟他借点醋用。这可真是不巧，微生高家里恰好也刚刚用完了醋。也不知他是怎么想的，他不愿把这一实情说出来，而是让邻居在门口稍等，自己先去别人家借醋后再给邻居。这事传开之后，当地人都称赞微生高"直"，但孔子听后却不以为然。③孔子特地拿微生高来说事，肯定不在于认定他犯了多么严重的错误，而仅仅针对别人因此而评价微生高为"直"。也就是说，很有可能在孔子看来，微生高的行为恰恰是不直的表现，可是人们却偏偏称赞他为"直"，这才必须要予以纠正。这显然就与父子相隐的情形相类似，有人以父子相证为直，而孔子则纠正为父子相隐才是直的。那么，告发自己的父亲偷羊与为了别人去借醋，这两件事上究竟有什么共同之处，让人们都为之喝彩，并誉之为"直"呢？

仔细想来，他们之所以获得称颂，大概是由于一般人都不会这样去做的，这两人居然就做出来了。自己的亲人做了点不光彩的事，说

③子曰："孰谓微生高直？或乞醯焉，乞诸其邻而与之。"
（《论语·公冶长》）

一说也就得了，似乎犯不着那么较真地跑到衙门去告发。而别人来借东西时，自己没有就算了，更犯不着还要另外借来给人家。平常人就会是这个样子，而相比之下，这两位还真是做得有些不平常。不平常的事情总是容易引人注目，尤其是觉得他们是在传播正能量，自然就会有人点赞了。但他们到底好在哪里，为什么是在"直"上点赞，而不是别的什么品格？直躬证父和微生高借醋，其给人的印象是，貌似比平常人要更多地考虑别人的利益，以至于不惜十分委屈甚至牺牲自己或自己的亲人。听起来这两人真是舍己为人、大公无私的典范，为了满足别人的利益，直躬不惜牺牲亲人，微生高不惜委屈自己。在这利益冲突的两者之间，就产生了"直"与"曲"的对比。微生高的"直"是只直于人而反曲于己；与此相仿，直躬之"直"就是直于人而曲于父。"直"大概就是这样得出来的。

但实际上，他们这种行为于人于己俱是"曲"，既以曲己在先，于人便再没有"直"的道理。就微生高而言，有人来借东西，告以实情肯定是在先的状态。要走到不惜另外去借

下篇

窃负而逃

来再给人家的这种地步，其中一定有了太多的思量计较，从而掩饰住这种在先的实情。出自这种在先的真情实感，而没有掺杂其后的思量计较所做出的行为表现，这就是"直"。当许多的思虑顾忌上来后，由此所导致的行为变化，那就是"曲"。由是，在"父子相隐"的问题上，父子一方犯法，另一方要走到"证之"的地步，一定是经过了父子之外其他关系的种种利益计较或理性考量，才可能出现的"曲"的情形。与此相比，"隐"才是源于父子天性的真情实感所发出的行为表现。很显然，违背一种在先的真情实感所导致的行为，再要说"直"于人就显得不厚道了，还要受到别人的称赞就更不地道。父子相隐仅仅源于父子天性的真情实感，根本就不忍心父亲所可能受到的伤害，没有比这更"直"的实情了。舜窃负而逃亦是出于同样的道理。

四

允许父子之间不相证，即便从客观的现实效果上讲，对司法审判的影响也甚微，却呵

护了天底下最真实的亲情。也许有的人认为，如今某些权贵阶层的父母出面为自己的官二代或富二代开脱罪责，岂不是正好符合儒家道德么？这种评判能力，实在让人吃惊。可能那些口口声声攻击父子相隐为亲缘腐败的人，大概也就这见识。某些官二代或富二代的人犯了事，他们的父母利用手中的权力或财富来摆平，这明摆着就是践踏司法、蔑视公正，不过就是以权谋私、因公徇私而已，怎么可能跟儒家有什么关系呢？

如果按儒家阐明的道理，这些父母就得首先放弃手中的权力或财富，然后再默默地带着犯事的子女东躲西藏。如果真有这样的父母，我们会觉得他们很可恶吗？不管子女所犯的罪恶要遭受什么样的谴责，父母始终不忍舍弃自己的子女这种用心就不该受到谴责。依靠躲藏以逃脱司法制裁的可能性是极小的，不过就是"可怜天下父母心"而已。如果父母的这种不忍心居然极大地妨碍了司法公正，那这样的司法系统是不是太可笑了？容忍这种亲亲相隐无非是表明，一个人在人世间无论到了什么地步，始终会有那么一两个人对你不离不弃，而

【窃负而逃】

这一两个人十有八九就是父母，我们做子女的也要像父母爱我们一样去爱他们。父子之间这种本于天性的真情实感，有人可能觉得一文不值，而儒家则以为千金不换。这就是父子相隐或窃负而逃引发激烈争论的根本区别所在。

当然，儒家的父子相隐并非是一条原则，相隐必须是基于父子之间的不忍，而不能掺杂其他利益计较。如果是基于父子之间利害攸关而相隐，那就毫无价值可言。正是在这个意义上，并不能断定父子相隐在任何情况下，就一定要比不相隐更有价值。如果父母对于忤逆之子实在没办法，最后只好扭送到劳教所去，这并非不可以接受，而且比出于对子女的溺爱而相隐要有价值。但根据儒家对于父子相隐的主张，这一定不是最好的做法，因为没有将父子之情的力量发挥到最充分。

初，臼季使，过冀，见冀缺耨，其妻饁之，敬，相待如宾。与之归，言诸文公曰："敬，德之聚也。能敬必有德。德以治民，君请用之！臣闻之：出门如宾，承事如祭，仁之则也。"①

为我们耳熟能详的"相敬如宾"，主人公居然是乡村野夫，而且还发生在田间劳作之时，不知道这会不会破坏我们的美感。白居易有一句诗，"冀缺一农夫，妻敬俨如宾"，说的就是这个典故。这个叫冀缺的人是个农夫，他平时在田间劳作，他的妻子到了吃饭的时候，就将做好的饭菜送到田头，恭恭敬敬地端给他。冀缺也彬彬有礼地接住，并频致谢意。这一幕被恰好路过的晋国使者臼季看到了，他断定冀缺绝非一般人，于是带他回去推荐给晋文公，并说："看一个人的德性主要看他的敬，无论是别人敬他还是他敬别人，都是有德的体现。重用这样的人来治理百姓，肯定错不

了。"其实，冀缺并非普通农夫，而是晋国大夫冀芮之子，只因其父获罪而沦为农夫，臼季也是了解到这一背景才把他推荐给晋文公的，说冀缺肯定是个贤才。② 从夫妇之间相敬如宾就能判断其治国之才，这种政治逻辑已经让我们觉得很陌生了。不过，夫妇俩相敬如此，早已在后世被人们传为佳话，这个总还可以试着理解一下。现代人或许对"相敬如宾"没什么好感，觉得夫妻两个要是天天这么客客气气的，那还怎么过日了。对于其所传达夫妇之间的那种敬意，很少用心体会有什么意味。

② 臼季使，舍于冀野。冀缺薅，其妻饁之，敬，相待如宾。从而问之，冀芮之子也，与之归；既复命，而进之曰："臣得贤人，敢以告。"（《国语·晋语五》）

一

与"相敬如宾"相类似的，还有另外一个典故叫"举案齐眉"，传达的也是夫妇之间那种尊奉和敬意，当然并不乏和睦和恩爱。"举案齐眉"留给我们的印象，大概一边是羞涩的娇妻将茶水高高奉上，另一边是伏案的书生将茶水轻轻接过。那种郎才女貌之间温馨的场景，填满了我们的想象空间。不管这种印象是怎么形成的，我们总可以对爱情抱有不同的期

149

待，这总是没有错的。不过，当我们得知"举案齐眉"出处的实际情形时，就会发觉这种反差也太大了，大到让人几乎难以接受。我们想象中的美貌没了，羞涩也没了，当整个女神的形象给毁了，取而代之的是彪悍的女汉子时，"举案齐眉"还会是一个动人的爱情故事吗？

故事的男主人公叫梁鸿，女主人公叫孟光。相信这两人的名字没有梁山伯与祝英台那般来得如雷贯耳，若是不小心竟然知道，估计多半是因了《红楼梦》里出自贾宝玉口中的那句"是几时孟光接了梁鸿案"。话说这梁鸿品行高洁，以贤能著称，估计相当于今天的男神形象。很多大户人家都想将女儿嫁给他，却都被他拒绝。这其中就包括有一户姓孟的人家，他们的女儿就高调表示，非梁鸿这样的贤能之士决不出嫁。奇怪的是，此女长得是又肥又黑，还力大如牛，可谓女汉子中的极品。其丑如此却想嫁男神，她要是不当剩女，这个世上还会有剩女吗？可让人吃惊的是，梁鸿听了孟氏立志如此，竟然上门提亲，把她给娶了。大家可能会想，这梁鸿看中她什么了？莫非是她出身豪门，甚至是富可敌国吗？据说孟氏出身地主家，但没有迹象表明属于特别土豪的那种。她也就是比一般人家吃得好一点、穿得好一点，仅此而已。她嫁到梁府之后，曾一度遭到冷遇，觉得很不自在，便向梁鸿请教说："我知道您品行高洁，一般女子都看不上。我也不是一般的男子就愿意嫁的，这好不容易嫁给您了，可您这不理不睬的，算怎么一回事？"梁鸿就说："我要找的是那种不怕穿粗布衣裳，可以和我一道隐居的人。可你这衣着华美，整天涂脂抹粉的，跟我哪是一路人啊。"孟氏说："我这是考验一下你呢。其实早就准备好了隐居的衣服。"于是她脱下绫罗绸缎，穿上粗布衣裳。梁鸿一看，大喜过望，忙说："这才是我的好媳妇嘛！"于是唤她为"孟光"。这总可以让那些觉得梁鸿别有用心的人，没什么话可说了。后来，他们夫妇俩一起去吴国隐居。梁鸿白天出门替别人打工，以舂米为生。傍晚回家，孟光在家里做好饭菜等着，还郑重地为他高高奉上，将盘子端得跟眉头一样高。③

原来"举案齐眉"的出处居然是这个样子，这要是用今天的眼光来看，作为一个爱情

③梁鸿字伯鸾，扶风平陵人也。……同县孟氏有女，状肥丑而黑，力举石臼，择对不嫁，至年三十。父母问其故。女曰："欲得贤如梁伯鸾者。"鸿闻而聘之。……七日而鸿不答。妻乃跪床下请曰："窃闻夫子高义，简斥数妇，妾亦偃蹇数夫矣。今而见择，敢不请罪。"鸿曰："吾欲裘褐之人，可与俱隐深山者尔。今乃衣绮缟，傅粉墨，岂鸿所愿哉？"妻曰："以观夫子之志耳。妾自有隐居之服。"乃更为椎髻，著布衣，操作而前。鸿大喜曰："此真梁鸿妻也。能奉我矣！"字之曰德曜，名"孟光"。……乃共入霸陵山中……遂至吴……为人赁舂。每归，妻为具食，不敢于鸿前仰视，举案齐眉。(《后汉书·逸民列传》)

【相敬如宾】

151

故事，可真是找不出一个亮点来。也许郎有才，女却没有貌；虽说有豪门，却又入寒门。没有灰姑娘，女汉子又没能蜕变成女神。男主人公路线高冷，完了还是个打工仔。男女主角也没有历经磨难之后的风光，反而还过起了隐居生活。总之，这故事怎么说怎么寒碜，一点也不浪漫，既消极又乏味。不像梁山伯与祝英台，里面有女扮男装的惊险，有父母逼婚的压迫，有以死相许的悲情，虽说最后是个悲剧，却又有化蝶的浪漫，那才是让人怦然心动的爱情故事。当然，更重要的可能是，梁祝可以被刻画为追求爱情的典范，尤其是经由现代叙事之后，成为反抗封建礼教的样板戏。可这"举案齐眉"算怎么一回事呢？在现代人看来，有这样要妻子伺候丈夫的吗？守在家里做好饭菜还不够，竟然还要高高奉上，明摆着一副奴才伺候主子的架势。这哪还有什么浪漫的爱情可言，简直就是在作践爱情啊。

如果还有谁觉得挺喜欢"举案齐眉"的爱情，那十有八九可能是出于误会。历史上还流传着一个叫"张敞画眉"的故事，说是身为京兆尹的张敞，平时在家里没事就喜欢给妻子画眉毛，还练出了一手画眉的功夫，以至于长安城传有"张京兆眉怃"之说。④可能有的人都没搞清楚"举案齐眉"是什么意思，就往张敞画眉这种风流韵事上遐想，还以为是指小两口之间的打情骂俏呢。要是知道这"举案齐眉"并不指这种亲密无间，更多的反而是相敬如宾的距离感，恐怕就会有一种上当的感觉。不过，无论是"相敬如宾"还是"举案齐眉"，真的与现代爱情格格不入吗？

④事见《汉书·张敞传》。

二

　　自由恋爱和男女平等是现代爱情中的最强音，这也算是伟大的自由、平等之类的所谓普识价值在婚姻中的体现。可说起这自由、平等什么的，就像是一剂万能的药方，无论什么方面出了问题，只要服了这一剂药，可保万事大吉。尤其是对于那些受不了父母之命的男女，简直就将自由恋爱当成是解放区的天，只要冲破了父母的束缚，一切都会变得美好起来。这种追求经过文艺手法的演绎之后，更是能鼓动人心，甚至可以叫人生死相许。所幸的是，我

【相敬如宾】

下篇

们今天有机会目睹，当恋爱自由之后，当男女平等之时，我们的婚姻也没有变得更理想一些。这就说明，自由、平等之类，并非什么灵丹妙药，它最多也就能起一些解毒作用，而且喝多了的话，本身也还有毒性。通过自由恋爱，仰仗男女平等，或许可以避免某些不幸，但本身并不带来幸福。夫妇关系基于男女之别，抹平男女之别只是属于瓦解工作，而缺乏实质性的建设。面对男女之别，究竟是以抹平而后快，还是应该致力于建设合理的分别呢？当一个男人在家里欺压自己的妻子时，我们所能做的，难道仅仅是将女人解放出来就完了？夫妇之间的相处之道，在今天鲜有谈及。只要夫妻之间没有相互欺压，怎么相处完全成了自己个人的事。夫妻之间缺乏基于男女之别而各自所应担负的位分这一意识，全靠相互的性格或个性来谋求和睦或幸福，这相当于是将婚姻的前途寄希望于一种偶然。

重建夫妇之道，给出一种良好的价值示范，并能够在全社会达成一种基本共识，这其实是挽救现代爱情和婚姻可能的出路。就此而言，"相敬如宾"并非是提供给我们一种行为

渚
的生活世界

的榜样，号召大家在家里头相互之间整天都恭恭敬敬的，真的就像对待客人一样。"相敬如宾"的中心意思在于，能在家里受到如此敬重的人，必定是德行高洁之士。让这样的人来治国，百姓也一定会心悦诚服。因此，学习如何才能成为一个让对方敬重的人，才是关键所在。如果学习"举案齐眉"，居然是学着把食物的托盘端得跟眉头一样高，这不是很搞笑吗？在"举案齐眉"的另一个版本中，最后提到梁鸿的老板目睹了他们夫妇之间举案齐眉的一幕，不禁惊叹道："真没想到，在我们家一个打工的，居然能在家里受到他妻子如此之敬重，这真不是常人啊！"⑤据说从此以后，这老板再也不敢怠慢梁鸿，不让他干粗活，还好吃好喝地供着他。其实无论是冀缺还是梁鸿，都是他们自身具备的品格魅力，使得即便是朝夕相处的妻子，也能保持着对他们的深深敬意。这是特别不容易的。在这种夫妇关系当中，我们强调的是冀缺或梁鸿自身所具备的品行和德性，不是外在地要求作为妻子要臣服于丈夫，而是做妻子的发自内心敬佩自己丈夫的德行，并由这种内心的敬佩表现出行为上的相

⑤遂至吴，依大家皋伯通，居庑下，为人赁春，妻为具食，不敢于鸿前仰视，举案齐眉。伯通异之，曰："彼佣能使其妻敬之如此，非凡人也。"（《后汉书·逸民列传》）

【相敬如宾】

敬如宾或举案齐眉。

三

现代人在婚姻问题上，除了知道念叨一个平等或自主，还能意识到一些什么呢？男女平等原本是没错的，但如果拔得太高，把其他价值给破坏了，那就很糟糕。在很多人眼里，"相敬如宾"之所以显得不近人情，无非是体现不出男女之间的那种激情、浪漫。而"举案齐眉"更是显得面目可憎，无非是觉得在搞男尊女卑，有违平等。在"相敬如宾"或"举案齐眉"这些典故中，其实只是超出了平等，实现了比平等更高的价值。一个女人找到一个如此优秀的男人，令她从心底敬佩他，心甘情愿地顺从他，这怎么就伤了那些平等主义者的心呢？我们可以说，这就是羡慕嫉妒恨吗？要真是这样就还好，换了女权主义者恐怕是一脸的不屑。一个女人心目中的理想男人究竟是什么样的呢？如果想找一个可以与她平等相处的男人，那很容易；现在要找一个能"欺负"女人的男人，估计还不太好找呢。但如果遇到这样

一种男人，遇事分明，处事得当，凡事都能让身边的女人觉得只要听着就好了；或者说品行端正，进退得当，举止得体，整个儿让身边的女人觉得只要顺着就行了，——一个女人要是有机会遇上这样的男人，真的还会担心不够平等吗？如果我们清除掉脑海中所谓男尊女卑、平等自主、大男子主义、女权运动等等这些观念，就是作为一个女人，从自己内心深处来感受，与一个极富担当而令自己心生敬意的男人共同生活，这究竟是不是值得期待的？男人可以追求如何才能配得上女人的这种期待，女人可以追求如何才能配得上所期待的男人。在这样一种夫妇关系中，要是往坏处看，或者就是做坏了，那就是女人丧失独立自主而受男人的主宰，成为男人的附庸甚至受男人欺压。但其应有的价值取向是，基于男女之别的相互结合，让男人充分发挥担当与呵护，而让女人充分显露分担与体贴。

　　男女双方走在一起成为夫妻，原本是可以各做各的。但一个足够优秀的男人，作为丈夫，他不但能想妻子所想、行妻子所行，亦能想妻子所未想、行妻子所不行，而将一个家全

副地担当起来。妻子则出于对丈夫的体贴，想要做出尽可能的分担。这样，丈夫替妻子担当，妻子为丈夫分担，原本是平等地各做各的事，现在就成了各自为对方在承担着。这究竟是价值上的提升还是下滑？这种夫妇关系基于男女之别，让丈夫的担当体现出作为男人的阳刚之气，让妻子的分担显露出作为女人的阴柔之美。那种刻意抹平男女之别，极力宣扬去性别化的主张，其实是极有问题的。男女之别并非只是基于生理差别，更不是由生理差别所决定，而主要是基于一种文明的塑造。由男女而结成夫妇，能将夫妇关系最美好地实现出来的，一定是男人尽其阳刚而女人尽其阴柔。只有充分实现了男女之别，夫妇才可能达到最好的状态。就像同性之间也许可以有美好的恋情，但能将恋情最美好地实现出来，一定是异性恋。悲哀的是，同性恋不断地在寻求和确立相互之间的男女定位，而异性恋却越来越走向男人不像男人，女人不像女人。

四

也许有人并不反对男女之别，却会质疑凭什么男人就要显得高大上一些，而女人却只是陪伴在一边。难道反过来就不可以吗？现代生活的经验充分表明，女人也可以很强大，而男人反而可能很软弱。没错，其实用不着考虑阴盛阳衰的情形，也忽略种种女汉子的现象，如果一个女人总是愿意寻求比自己差的男人，则任何时代都可能做到强大的女人身旁陪伴着一个软弱的男人。问题是，由女人来承担女汉子的角色而由男人来扮演伪娘，这会比阳刚的男人与阴柔的女人之间有什么更大的优势吗？一个出色的女人总可能期待更优秀的男人，这并非是怂恿白富美与高富帅之间的爱情。比如历史上的乐羊子妻就非常了不起，她成功地让她的丈夫乐羊子变得非常杰出。

有一次，乐羊子在回家的路上捡到了一锭金子，于是高兴地交给妻子。没想到妻子严肃地用"嗟来之食"的故事告诫他，不要让这种不劳而获的想法玷污了自己的形象。乐羊子

【相敬如宾】

听了不禁十分惭愧，觉得自己离妻子的思想境界也差得太远了。他扔掉捡来的金子，决心出门寻师问学。一年之后，乐羊子回到家，说实在是太想念妻子了，坚持不下去。他的妻子听了，拿了把刀到织机前说："你看这织物，从蚕茧抽丝，一点一点地织，从一寸到一丈，费了多少时日才织成现在这个样子。现在要是一刀砍下去，这织物就废掉了，过去多少时日的努力都白费了。你出门求学，就这么中途跑回来，跟现在砍断这织物有什么两样呢？"乐羊子一听恍然大悟，再次告别妻子继续求学，七年未曾返回。⑥

这个故事可能还是会让很多人反感，因为它涉嫌宣扬女人为了男人而牺牲自我。那么才是"自我"呢？有一个叫"两袒"的故事说，齐国人有个女儿，同时有两个小伙子追求她。东家的那个小伙子是个富二代，但长得有点寒碜；西家的那个小伙子长得一表人才，可又是个贫二代。这可让做父母的为难了，他们也不知道到底该让自己的女儿嫁给谁，于是就想让女儿自己拿主意。他们对女儿说："如果你不好意思明说，你就露出一胳膊来。你若是

⑥河南乐羊子之妻者，不知何氏之女也。羊子尝行路，得遗金一饼，还以与妻。妻曰："妾闻志士不饮盗泉之水，廉者不受嗟来之食，况拾遗求利，以污其行乎！"羊子大惭，乃捐金于野，而远寻师学。一年来归，妻跪问其故。羊子曰："久行怀思，无它异也。"妻乃引刀趋机而言曰："此织生自蚕茧，成于机杼，一〔丝〕而累，以至于寸，累寸不已，遂成丈匹。今若断斯织也，则捐失成功，稽废时日。夫子积学，当日知其所亡，以就懿德。若中道而归，何异断斯织乎？"羊子感其言，复还终业，遂七年不反。妻常躬勤养姑，又远馈羊子。(《后汉书·列女传》)

160

露左边的胳膊，就是想嫁给东家的小伙子；若是露右边的胳膊，就是想嫁给西家的小伙子。"她女儿扭捏了半天，没想到最后将两只胳膊都露了出来。她父母一看，觉得莫名其妙，问她是怎么回事。她说："我是想在东家吃饭，在西家过夜。"[7]在这个故事中，女儿可是真知道成全"自我"。对乐羊子妻没好感的人，不知道会不会在这女儿身上发现了现代精神。如果是这样的话，"相敬如宾"显示出巨大的隔膜与疏离，也就不足为怪了。

⑦《风俗通》曰：两袒。俗说齐人有女，二人求之。东家子丑而富，西家子好而贫。父母疑不能决，问其女，定所欲适："难指斥言者，偏袒，令我知之。"女便两袒，怪问其故。云："欲东家食，西家宿。"此为两袒者也。（《艺文类聚》卷四十）

【相敬如宾】

　　当然，基于男女之别的理由并不能同时为"男尊女卑"张目，今天的社会连"男主外，女主内"都不可能了，还如何为"男尊女卑"做论证？但男性追求阳刚与女性追求阴柔，依旧是要坚持的审美倾向，只是这种分别究竟用什么来表达，这本身还是一个问题。在现代社会里，一个女人真的可以期望找一个更为优秀的男人，来追求"相敬如宾"所表达的爱情观吗？显然不可以。因为缺失了一种文明的塑造，就既不会有这种值得期待的男人，也不会有配得上这种期待的女人。如果一定要这样去强求，很可能成全的是一段花瓶配钻石王老五的孽缘，这样还不如追求一种男女平等的价值观。只是在夫妇关系中以追求男女平等为能事，实在容易导致无穷无尽的烦恼。重提基于男女之别而充满敬意的"相敬如宾"，可以为反思夫妇关系提供价值资源。

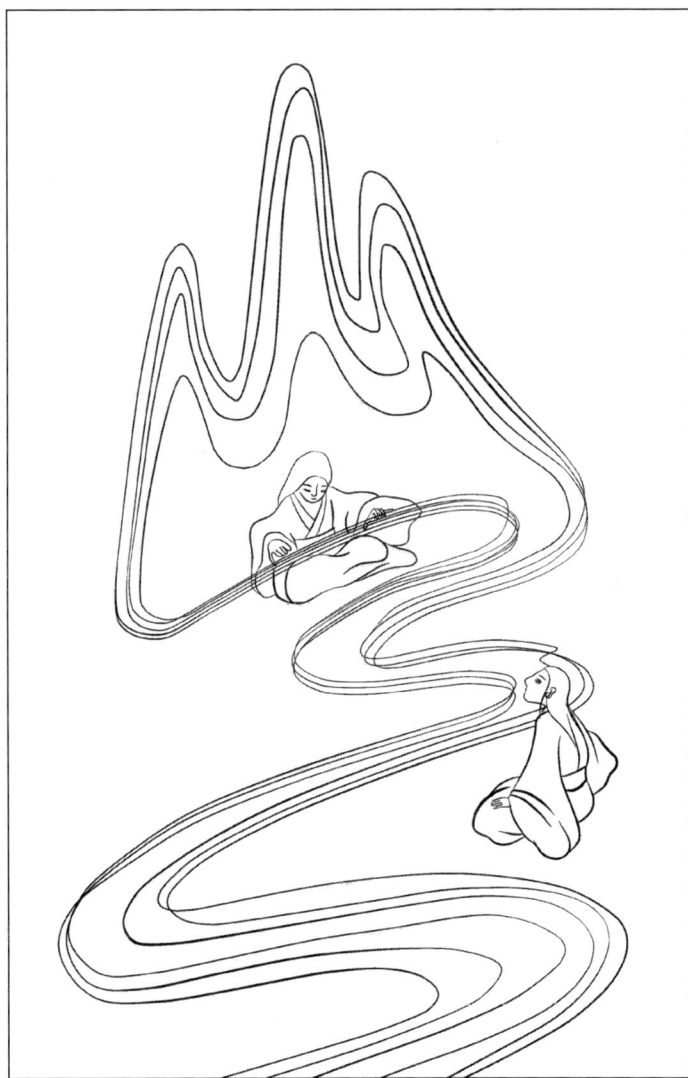

伯牙子鼓琴，其友钟子期听之，方鼓而志在太山，钟子期曰："善哉乎鼓琴，巍巍乎若太山！"少选之间，而志在流水，钟子期复曰："善哉乎鼓琴！汤汤乎若流水！"钟子期死，伯牙破琴绝弦，终身不复鼓琴，以为世无足为鼓琴者。[①]

①《说苑·尊贤》。

高山流水觅知音，这一典故不知令多少后人为之扼腕叹息。倒也不一定是伯牙与钟子期之间的故事有多么打动人，更多地还是道出了自身的切肤之痛。所谓"相识满天下，知音能几人"，太多的世人哀叹知音难觅，却又迫切地想遇上知音。无论是孤芳自赏还是对牛弹琴，都流露出"人生难得一知己"的无奈。正是基于这样一种感受，也使得很多人动辄以"滚滚红尘""茫茫人海"来表达难寻知音的失落，但同时也未尝不是一种生存的迷思。这与高山流水的千古流传是密切相关的，其精神主旨可谓一脉相承。那么，当年在伯牙与钟子

期之间到底发生了什么呢？

这个典故的版本有多个，除了细节详略不同，大体意思是一致的。伯牙拨动琴弦，钟子期在一旁欣赏。刚开始弹奏时伯牙心里想着在攀登泰山，钟子期听了感叹道："弹奏得真好啊！我感受到了站在泰山顶上一览众山小的情景。"后来伯牙心里又想着在临眺江水，钟子期听了感叹道："弹奏得真好啊！我感受到了站在江水边上急流澎湃的情景。"钟子期死后，伯牙摔破琴、拉断弦，发誓此生不再弹琴，认为世上再没有值得为之弹琴的人了。

一

"高山流水"的典故固然彰显了彼此相知所能达到的最高境界，可未必没有曲高和寡之嫌。这曲高和寡也有典故，当年楚王责问宋玉，为什么老有那么多人说宋玉坏话却没有人附和他时，宋玉向楚王打了个比方说："有个歌星开演唱会，开始用'下里巴人'这样的通俗唱法，台下挤满了疯狂的粉丝。后来改用'阳陵采薇'这样的民族唱法时，台下的听众

②楚威王问于宋玉曰："先生其有遗行耶？何士民众庶不誉之甚也？"宋玉对曰："唯，然有之，愿大王宽其罪，使得毕其辞。客有歌于郢中者，其始曰下里巴人，国中属而和者数千人，其为阳陵采薇，国中属而和者数百人；其为阳春白雪，国中属而和者，数十人而已也；引商刻角，杂以流徵，国中属而和者，不过数人。是其曲弥高者，其和弥寡。故鸟有凤而鱼有鲲，凤鸟上击于九千里，绝浮云，负苍天，翱翔乎窈冥之上，夫粪田之鷃，岂能与之断天地之高哉！鲲鱼朝发昆崙之墟，暴鬐于碣石，暮宿于孟诸，夫尺泽之鲵，岂能与之量江海之大哉？故非独鸟有凤而鱼有鲲也，士亦有之。夫圣人之瑰意奇行，超然独处；世俗之民，又安知臣之所为哉！"（《新序·杂事一》）

走了一大半。再用'阳春白雪'这样的美声唱法时，台下只剩下几十个人。最后干脆用罕见的原生态唱法，结果台下只有几个人在听。可见，曲风越高冷，能听懂附和的人就越少。"宋玉的意思当然是他就属于那路线高冷的人，所以没人附和他。他发表了一番"燕雀安知鸿鹄之志"的感慨之后，最后总结说："高人往往就是特立独行、超然世外的，这怎么是普通百姓能够懂的呢！"②仔细想想，其实伯牙也会有类似的心思。钟子期一死，他就宁愿毁琴不弹了，不就是那种超然世外的感觉么？

不错，对于有的人来说，人生要得一知己确实很不容易。不能否认，某些心志极高之人，与身边众多的凡夫俗子相比，往往心怀不同寻常的抱负，或者对世间的人和事有着更为深刻的洞察，从而不容易被一般人所理解。通常的酒肉之徒肯定不会抱怨没人理解，整天就只知道吃喝拉撒，这哪有什么别人理解不了的嘛。少数富有远大抱负的人很难找到志同道合之人，于是不免做出高山流水之状，按说是应该向他们表达出足够的敬意。但话还得分两说。通常这样的人往往自视甚高，将自己当作不同寻常之人。可如何确保自身的不同寻常不是索隐行怪之类？或者说仅仅是出于自己的怪僻甚至乖戾所致？这种情况往往是，自己有某一方面的突出之处，却陷于其中而故作姿态，实际上是不敢去面对自己在大多数方面不及常人。因此，这并非是别人不能理解，而是自己自我封闭，不愿意与别人相互理解。其与伯牙相比，根本不是一个量级的。其做出高山流水之状，说得重一些，不过就是自作自受的做作之态。

当然，一定还有另一种情形，即真正是伯牙式的人物。对于这种人是可以表达出敬意的，但亦不能推崇过高。这种人是真正志存高远，超出常人之思而找不到知音，不愿苟合而难免心高气傲。作为一种成长历程中的现象，这是可以理解的，但如果始终停留在这种阶段，那就有问题了。一个人真正具有不同寻常的心志，有高于常人的资质，这些禀赋就不该是他用来傲视寻常百姓的资本，而正是需要他为百姓来担负。如果他的心志足够强大，他为何不能超越世人对他的不理解？当他抱怨世人不能理解时，他为何不能意识到，正是需要他

【高山流水】

去理解世人的不理解？真正的远大抱负，正在于到寻常百姓当中去，以百姓之忧为忧，以百姓之乐为乐，而不是一味地停留在做高山流水之状上。因此，如果是在成长的过程中，在青少年意气风发的时期，不免自视甚高而孤芳自赏，但一定要能超越这种阶段，最终回到寻常百姓当中来，这才是更高的层次。

二

伯牙与钟子期之间高山流水觅知音，完全属于高人之间的莫逆之交，不是寻常百姓可以玩得转的。莫逆之交的典故出自《庄子》，说是有四位分别叫子祀、子舆、子犁、子来的人，他们相互声称："谁要是能将'无'当作脑袋，将'生'当作脊背，将'死'当作屁股，懂得生死存亡为一体的道理，我就把谁当作好朋友。"然后四人目光相接，会心一笑，彼此心心相印，像是要融化在一起，于是相互视为好朋友。③这种莫逆之交都不是高冷可以形容的了，完全是几个玩思想游戏的人在相互欣赏，而与广大寻常百姓绝无关系。这恰恰不

③子祀、子舆、子犁、子来四人相与语曰："孰能以无为首，以生为脊，以死为尻，孰知生死存亡之一体者，吾与之友矣。"四人相视而笑，莫逆于心，遂相与为友。（《庄子·大宗师》）

是交友的典范，照这样子的搞法，那肯定是一个个骄傲到没朋友，最终隔绝了朋友之道。

有一个管宁割席的交友故事，讲的是管宁和华歆这对同窗好友，他们一道在菜地里劳动的时候，突然在土里挖出一块黄金来。管宁只当做是与瓦片、石头一样的东西，正眼都不瞅一下，继续劳动。华歆见了却大喜过望，捡起来在手头把玩了半天，只是碍于管宁的情面，不好意思放到口袋里，于是把它扔得远远的。还有一次，两人在房里席地而坐，一同复习功课。突然窗外传来一阵阵喧哗声，有那非富即贵之人坐着豪华的轿子，一队人马浩浩荡荡地经过。管宁只当没听到，继续埋头读自己的书。华歆却怎么也坐不住了，扭捏了半天，还是放下书本跑到窗户旁看起热闹来。管宁实在忍受不了，他拿出一把刀将席子划为两半，分开坐下，然后对华歆说："你不配做我的朋友。"④对于几个将生死存亡视为一体的莫逆之交，不过是思想者之间的游戏，平常人欣赏不了。管宁不想跟华歆做朋友，倒是并不超出平常人的理解范围。一般来说，不是只有哪一种人才能做朋友，也不是无论哪一种人都能做

④管宁、华歆共园中锄菜，见地有片金，管挥锄与瓦石不异，华捉而掷去之。又尝同席读书，有乘轩冕过门者，宁读如故，歆废书出看。宁割席分坐，曰："子非吾友也！"（《世说新语·德行》）

【高山流水】

朋友。

孔子说："有朋自远方来，不亦乐乎？"⑤如果理解为有朋友从远方前来相见，彼此感到很快乐，虽说过于浅显了一些，也很难说就错了。无论从哪个角度来说，交朋友都是一件很快乐的事。朋友之间可以相互帮助、相互陪伴、相互交流、相互分享等等，哪一样都会让人感到快乐。不过，当我们这样来表达的时候，其实已经将朋友的内涵宽泛化了，模糊了朋友的边界。比如相互帮助，陌生人之间也可以相互帮助，而生意伙伴之间的帮助可能要大得多。再如相互交流，同专业、同领域之间的人就容易相互交流，同班同学之间的相互交流就更多。还有相互陪伴，亲戚邻里之间碰在一起也就能相互陪伴，要是打起麻将来，还能通宵达旦地陪伴。至于分享，同一家淘宝店的用户就可以经常相互分享。可见，我们以为朋友之间才可以做的这些事，其他人伦关系也可以完成，这就意味着我们对朋友一伦的表达可能不得要领。尤其是我们认为朋友自远方来是一件很快乐的事，但实际上要是久别的恋人从远方来相逢，恐怕还要更快乐得多。如果只

⑤《论语·学而》。

是觉得朋友之间可以这样子的话，那只要其他人伦关系都可能实现得了，则朋友一伦就有坍塌的可能，管宁为何要与华歆一刀两断也变得无法理解了。

三

其实，关键是在于朋友之间相互所达成的是什么，比如相互帮助是帮助什么，相互分享又是分享什么，等等。同样地，朋友自远方来所乐的是什么。酒肉之徒远道而来，也可以相互之间大吃大喝一顿而快乐无比。朋友之间到底是因何而相交呢？当然，我们也会常说朋友之间要志趣相投，甚至志同道合，这话算是说得很对，但问题是我们真的在交友上，有这种志或道的意识吗？即便是有，我们真的区分得清楚志同道合不是沆瀣一气吗？当年伍子胥在至亲之人遭到楚王的无辜杀害之后，他投奔吴国辅佐吴王，最后凭借吴国的力量攻陷楚都报仇雪恨，这个故事可能大家都知道。就是在这一事件过程中，还发生一个伍子胥跟他的好朋友申包胥之间的故事。伍子胥在逃离楚国前夕，特地去和申包胥告别说："三年之后，我要是不把楚国灭了，誓不与你见面。"申包胥伤心地说："那你要多保重。作为朋友，我帮不了你，帮你就等于是跟自己的母邦作对；可我也拦不了你，拦你就等于是跟你这个朋友作对。尽管如此，你怀有深仇大恨发誓要灭楚国，可楚国毕竟是我的母邦，我也要发誓保卫。那我们就等着楚国一存一亡吧。"在伍子胥攻陷楚国后，申包胥前往秦国求救，在秦国王宫哭了整整七天七夜，才打动秦王出兵相救，保住了楚国。⑥

伍子胥和申包胥这两朋友的交情充分体现出，友情并非是私情，志同道合不会沦为江湖义气，更不可能成为狼狈为奸。伍子胥为父报仇而申包胥保家卫国，这都是他们各自该做的事，抑或是其该行之道。朋友之道正在于成就彼此之间正当的追求，而不是当成私情而相互怂恿。他们俩看起来是选择了针锋相对的道路，实则在认可对方该做的事上是合道的，这才是朋友而非其他人伦关系所能取代的。在通常的情况下，我们在朋友关系上，不会动不动就遭遇这种家仇与国恨之间的对抗，但朋友之

⑥子胥将之吴，辞其友申包胥曰："后三年，楚不亡，吾不见子矣。"申包胥曰："子其勉之！吾未可以助子，助子是伐宗庙也；止子是无以为友。虽然，子亡之，我存之。"于是乎观楚一存一亡也。后三年，吴师伐楚，昭王出走。申包胥不受命，西见秦伯曰："吴无道，兵强人众，将征天下，始于楚。寡君出走，居云梦。使下臣告急。"哀公曰："诺！固将图之。"申包胥不罢朝，立于秦庭，昼夜哭，七日七夜不绝声。哀公曰："有臣如此，可不救乎？"兴师救楚，吴人闻之，引兵而还。（《说苑·至公》）

172

间还是容易在诸多的人和事上各持己见。朋友相交一不留神就会变成相互苟同，一些人比一个人更容易无原则、无底线，谨慎交友就显得十分重要。

四

曾子曰："君子以文会友，以友辅仁。"⑦所谓"以文会友"，可以理解为凭着自己的兴趣或爱好交友，抑或通常所说朋友之间的志趣相投。与人相交，先亲近那些有共同话语的人，这也是人之常情。有着相同的兴趣或共同的关注，最有可能说得上话，然后可以相互了解，以朋友相称。但更重要的是"以友辅仁"，这就可以理解为志同道合。朋友之间亦可兴趣各不相同，志道之心则不应当有二致。除了兴趣爱好之外，朋友相交很多时候是基于各自的性格或个性，气禀上的相近牵引着彼此相互认同。然而，朋友相交不应当停留在兴趣爱好上，亦不必限于气禀的牵引，必有一种能超越于此而相互亲近的力量，此即志道之心。基于兴趣或性格上造成的各持己见，可以

⑦《论语·颜渊》。

下篇

【高山流水】

173

在志同道合的层面上得以弥合。若道得以合则无不可合，伍子胥和申包胥的友情即是。若道不得以合则无可合者，管宁割席即是。

当然，以友辅仁即可，不能对朋友提出同道、同仁之要求。朋友毕竟不等同于信众或教徒之间的关系，后者全因某种精神指引走到一起，甚至完全无关乎兴趣或性格。朋友带有强烈的个人色彩，虽然我们常说朋友是自己选择的，实则从小到大所交的朋友形成了我们的人生经历，很多都会终身面对，我们不可能带着一把尺子去量身边的朋友。这就意味着我们要不断地趋向志同道合，而非以志道之心作为标准进行取舍。交朋友不要带着以比较高低的用心去看，我们不可能要求朋友都得超过自己，也不可能只交不如自己的朋友。[8]即便是说，凡朋友都得如我这般人，舍此则宁缺毋滥，这种用心亦不可取。高山流水式的朋友可遇不可求，以求此之心而做孤高状，很可能错过原本可以通过相互切磋来提升的朋友。

⑧子曰："主忠信，毋友不如己者，过则勿惮改。"（《论语·子罕》）

鲍焦衣弊肤见，挈畚持蔬，遇子贡于道。子贡曰："吾子何以至于此也？"鲍焦曰："天下之遗德教者众矣，吾何以不至于此也？吾闻之，世不己知而行之不已者，是爽行也。上不己用而干之不止者，是毁廉也。行爽廉毁，然且弗舍，惑于利者也。"子贡曰："吾闻之，非其世者，不生其利。污其君者，不履其土。今吾子污其君而履其土，非其世而持其蔬，其可乎？《诗》曰：'溥天之下，莫非王土。'此谁之有哉？"鲍焦曰："於戏！吾闻贤者重进而轻退，廉者易愧而轻死。"于是弃其蔬而立槁于洛水之上。①

① 《韩诗外传》卷一。

　　鲍焦穿得破破烂烂，衣不遮体，手里拿着畚箕，里面装了点蔬菜什么的，不巧让子贡给碰上了。子贡一见鲍焦这模样，便问他："这怎么回事，为什么成这样了？"鲍焦说："这世道好人得不到好报的现象多了去了，我成这样有什么稀奇的。我听说，这

个世界不把你当回事，你却尽心尽力地做个没完，这多丢面子；一国之君不重用你，你却尽职尽责地干个不停，这太伤自尊了。这么委曲求全地打工却还舍不得辞掉，那不过是看重那点蝇头小利想不开而已。"所以鲍焦的意思是，他绝不贪恋那点蝇头小利，果断地跟这个不知好歹的世道划清界限，结果当然就是搞成现在这个样子了。子贡听了，估计是觉得又好气又好笑，想跟鲍焦开个玩笑，于是就说："我听说的是，不满这个世道，就不要沾染它的任何利益；看不惯现在的君王，就绝不踏入他的国土。可你看看你，你手头拿着这些个蔬菜算是怎么回事？《诗经》上不是说，普天之下，莫非王土吗？你的蔬菜又是在哪里种出来的呢？"子贡的意思是，你还真觉得你跟这个人世间划得清界限吗？没想到这鲍焦一听，长叹一声说："我听说贤能之人不轻易为官，但说辞就辞；廉洁之人特容易羞愧，故说死就死。"于是扔了手中的蔬菜，站在洛水中枯死了。

【鲍焦立枯】

鲍焦立枯是一个富有悲剧性的故事，如此清廉而高洁的一个人，就这么死掉了，真是让人扼腕叹息。不过，我们也可以严肃地来追问一下，究竟是谁杀死了鲍焦呢？尽管鲍焦是绝食而死，属于典型的自杀，但导致他自杀的原因却是我们要思考的。换句话说，如果鲍焦的死是一个悲剧，我们就要搞清楚是谁制造了这个悲剧。因为只有这样，才有可能避免悲剧重演。在故事中，鲍焦的死并不直接跟某个人相关，虽说看起来跟子贡脱不了干系，是子贡的玩笑开得有点大，无异于是将鲍焦往绝路上逼。可事实上，子贡这个角色一点也不重要，在有的文献记载中，鲍焦死的时候他并没有出现，而仅仅提到"有的人"这么问了一句。在细节上也略有不同，是说鲍焦只吃自己种的，穿妻子织的，有一次在山上饿得实在受不了，于是就从树上摘了一颗枣子吃。有的人就问他，这枣子算是怎么回事？意思是你说得清它的来路吗？于是鲍焦赶紧吐出来，最后立枯而死。[2]可见，鲍焦之死只是与世道人心有关，

②鲍焦耕田而食，穿井而饮，非妻所织不衣，饿于山中，食枣，或问之："此枣子所种耶？"遂呕吐，立枯而死。（《风俗通义·愆礼》）

像他自己所痛陈的那样，世道混浊，不分贤愚，不辨忠奸，因此他愤世嫉俗，誓不与众人相往来，而确保自身的清廉。

为了更为深入地分析鲍焦的这种为人处世，我们可以再了解一下与他志同道合的陈仲子。据说陈仲子曾经辞掉过当中央级别的干部，而宁愿给别人家去浇菜园子。③其人品之高洁，可见一斑。他是如此地有节操，誓不与昏君同朝，甚至不吃乱世之食，最后也是因饥饿而死。④关于陈仲子，孟子讲过一个有趣的故事。他说到，陈仲子出身于齐国的大户人家，他有一个兄长名叫戴，拿着官府的俸禄，属于典型的高收入人群。可是，陈仲子却认定自己的这个兄长拿着不义之财，吃的是霸王餐，住的是腐败楼，不愿意吃他的也不愿意住他的，于是就留下母亲在那，自个儿搬到一个叫於陵的偏远地区去过自己的日子。有一次他回来探望母亲，发现院子里有一只别人送给他兄长的鹅，便皱着眉头说："这'哦哦'叫的是啥玩意，这么恶心？"母亲见他回来，把这鹅杀了给他吃。他毫不知情，把鹅肉给吃了。结果他兄长回家后，嘲讽他说："你不是

③於陵仲子辞三公，为人灌园。(《新序·杂事三》)

④季襄陈仲子，立节抗行，不入污君之朝，不食乱世之食，遂饿而死……(《淮南子·氾论训》)

【鲍焦立枯】

恶心那'哦哦'叫的玩意儿吗？怎么，它的肉你也吃啊？"他一听心里不禁翻江倒海，把那肉全给吐出来了。[5]这故事听着觉得这陈仲子也太逗了，已经吃到肚子里的肉，还至于吐出来吗？但如果是这样轻巧地吐槽，就太辜负这种高洁之士的节操了。他能把吃下去的肉再吐出来，也就能宁可饿死也不吃这种肉。这种人节操之坚，非同儿戏，不惜以生命的代价来守护之，绝不可能随随便便就碎掉。陈仲子是这样，鲍焦也是这样。两人都是不满于世间的污浊，为了确保自身的清廉而远离世人，最后不幸死于饥饿，为了坚守节操而付出生命的代价。可见，谓此二人志同道合，并非虚言。

二

当然，到底如何来评价鲍焦或陈仲子这种高洁之士，这历来是一个难题。他们最大的特征是愤世嫉俗、离群索居而又卓尔不群，这是让人又爱又恨的地方。爱其出类拔萃、素质优秀，而恨其谁都看不惯，一副众人皆醉我独醒的样子。但他们为了保持清廉的品格，能够

⑤ 仲子，齐之世家也。兄戴，盖禄万钟。以兄之禄为不义之禄而不食也，以兄之室为不义之室而不居也，辟兄离母，处于於陵。他日归，则有馈其兄生鹅者，己频顣曰："恶用是鶃鶃者为哉？"他日，其母杀是鹅也，与之食之。其兄自外至，曰："是鶃鶃之肉也。"出而哇之。(《孟子·滕文公下》)

甘于穷苦，而毫不贪恋世间富贵，这是绝对让人敬佩的。⑥光是这一节操，就能把大多数人甩出很多条街。世间富贵让多少人终身追逐，又让多少人欲罢不能，但凡有那么一个人表现出超然的样子，就立马能鹤立鸡群，鲍焦和陈仲子在这方面绝对称得上是典范。种种迹象表明，他们原本可以荣华富贵一生，却为了确保自己的清廉而毫不犹豫地放弃掉了，这是相当不简单的。这种清廉的品格在我们今天的反腐运动中显得弥足珍贵，那些腐败的官员要都能向这二位学着点，哪还用得着这样大张旗鼓地反腐。这人与人之间的差距怎么就这么大呢？有人死都愿意搜刮不义之财，有人却死都不愿意得不义之财。看来这二位高洁之士的事迹即便到今天，也还值得大书特书，积极表彰，为今世之人树立典范。不过，在廉洁这方面极尽表扬之后，主要还得分析这二位的综合表现。廉洁的品格固然十分重要，但是否压倒一切，是有疑问的。

　　还是先说陈仲子，这主要是由于孟子已经做过类似的这种工作了。有人向孟子高度赞扬陈仲子，说："这人真是廉洁之士啊！住在

⑥此鲍焦之所以怼于世，而不留于富贵之乐也。（《新序·杂事三》）

【鲍焦立枯】

⑦匡章曰："陈仲子
岂不诚廉士哉？居於
陵，三日不食，耳无
闻，目无见也。井上
有李，螬食实者过半
矣，匍匐往将食之，
三咽，然后耳有闻，
目有见。"孟子曰：
"于齐国之士，吾必
以仲子为巨擘焉。虽
然，仲子恶能廉？充
仲子之操，则蚓而后
可者也。夫蚓，上食
槁壤，下饮黄泉。仲
子所居之室，伯夷之
所筑与？抑亦盗跖之
所筑与？所食之粟，
伯夷之所树与？抑亦
盗跖之所树与？是未
可知也。"曰："是何
伤哉？彼身织屦，妻
辟纑，以易之也。"
（《孟子·滕文公
下》）

於陵的时候，三天没吃东西，都饿得听不清、
看不见了。井边掉了一个李子，已经被虫吃了
一大半，他爬过去把它捡起来吃了，才又听得
清、看得见了。"孟子听了充分肯定了陈仲子
的品格，说他是齐国士人当中了不起的人物，
却并非真正的廉洁之士。在孟子看来，要是按
陈仲子的这种搞法，那蚯蚓就是最清廉的了。
蚯蚓只要钻到黄泥巴土中就能活，谁见过它吃
香的喝辣的了？⑦孟子的意思是，陈仲子看重
清廉的品格而不贪恋世间富贵，这是很了不起
的，但他追求这一品格的方式是有问题的。

作为廉洁之士，对于自己吃穿住行所需
之物，要问一个来路的光明正大，这是必须
的。但是否只盯着这回事，最后搞成什么东西
都不能碰，然后以为这样就廉洁了？廉洁难道
是一种高于一切的品格吗？尤其是为了确保清
廉而可以什么都不顾吗？陈仲子一心就想保持
廉洁，以至于避兄离母而在所不惜，最终只能
搬到偏僻之处，独自过着所谓廉洁的生活。但
真有这样追求廉洁的吗？如果"廉洁"是如此
好的品格，值得用自己的生命去维护，却不知
道这样一种"好"，也一定要让亲人一道分

享，而不是自个儿躲起来独享吗？如果不廉洁是如此的可恶，怎么能够自己躲起来远离这种可恶，却能忍心让自己的亲人处于这种可恶之中而不管不顾？打个比方，廉洁就是一件干净的衣服，现在陈仲子觉得亲人身上都脏得很，他却为了自己身上穿得干净，就远远地躲着亲人，生怕他们把自己身上弄脏了。当陈仲子的母亲杀了那只鹅款待他，他真的就那么"哇"的一下吐了出来——这就好比他母亲不小心碰到了他，把他身上弄脏了，他却如此肆无忌惮，赶紧把自己身上弄干净——这是将他母亲置于何地？还想不想让他母亲活了？这样来说，陈仲子的问题就容易看清楚了。

回到鲍焦立枯的故事上来，透过陈仲子，鲍焦的问题也就很容易暴露出来。虽说并没有文献涉及鲍焦对亲人不管不顾，但他与众人的界限划得这么清楚，想必也不会对亲人有什么特别之处。不过，已经在陈仲子那里揭示出来的问题，就不再重复。就鲍焦而言，虽说他的死是一个悲剧，甚至也可以说就是世道人心杀死了他，然而，他却没有意识到，他对这个世道人心本身是负有责任的。没有一个现成完美

【鲍焦立枯】

的世道人心在那里等着人们来享用，每一个人都对此负有责任，尤其是像鲍焦这种能力强大之人，负有更大的责任。必须以这种意识来面对世道人心，世风日下、人心不古才会有得以扭转的可能性。不然，一有问题就急于与之划清界限，以此来保持自身的所谓廉洁，这是人应该有的姿态吗？人真的能与这个人世间划清界限吗？真的以为找个偏僻的地方躲起来，就能洁身自好了？这不可能，按孟子的说法就是，除非你打算学蚯蚓那样，否则，就只能等着饿死了。既然陈仲子是这样，鲍焦又岂能例外？

三

当然，没有哪一个人能对这个世界负有绝对的责任。人都是有限的，也只能负起有限的责任。如果这个世界太辜负人，我们付出了巨大的心力却无济于事，就可能由此陷入绝望的情绪当中。在这种境遇中心生放弃，是可以理解的，而这与一开始就想划清界限完全不一样。没有文献表明，鲍焦有过这种渐趋绝望的历程。他遭遇的可能也就是一般的怀才不遇，

有这种经历的人多了去了。⑧自古以来也不乏愤世嫉俗之人，而且多有才干，甚至天赋异禀。但像他这样一开始就以极端的方式与这个人世间割裂开来，恐怕不再是怀才不遇、愤世嫉俗之类的问题。将鲍焦逼上绝路的，固然可以说一个世道人心的不是，但未必不可以说他自己充当了帮凶。无论世道人心多么令人不堪，都不大可能是铁板一块，一定就会把他逼死。但他从这个世间如此轻易地抽身开来，就不能不让人怀疑，他难道就是"来自星星的你"，压根儿就不属于这个人世间吗？

这很容易让人联想到，如今很多人习惯于将"中国人的素质真差"这句话挂在嘴边，几乎是张口就来。奇怪得很，自己作为一个中国人，为何如此轻松地将别人的过错概括为"中国人的素质"来加以谴责。这种谴责究竟将自己置于何地？难道自己跟中国人竟然可以没有关系？这当然不会是一时忘了自己中国人的身份，而是在心里轻易地将自己与"中国人"划清界限。作为中国人，我们每一个人的言行举止都体现着中国人的素质。对于中国人的素质，我们谁都不可能置身事外，更不可能与之

⑧荆公子高终身不显，鲍焦抱木而立枯，介子推登山焚死。故夫君子博学深谋，不遇时者众矣，岂独丘哉！（《说苑·杂言》）

【鲍焦立枯】

划清界限。中国人的素质随时可以因身旁的人表现差劲而变坏，也随时可以因我们自身表现出色而变好。当别人做得不好的时候，这肯定不是我谴责一句"中国人的素质真差"，就可以表示与我无关了。我们生而为中国人，也就是中华文明的传人，我们这一辈子都与中国划不清界限，中国的好好坏坏都与我们脱不开关系。这就是"鲍焦立枯"这一典故从反面告诉我们的道理。

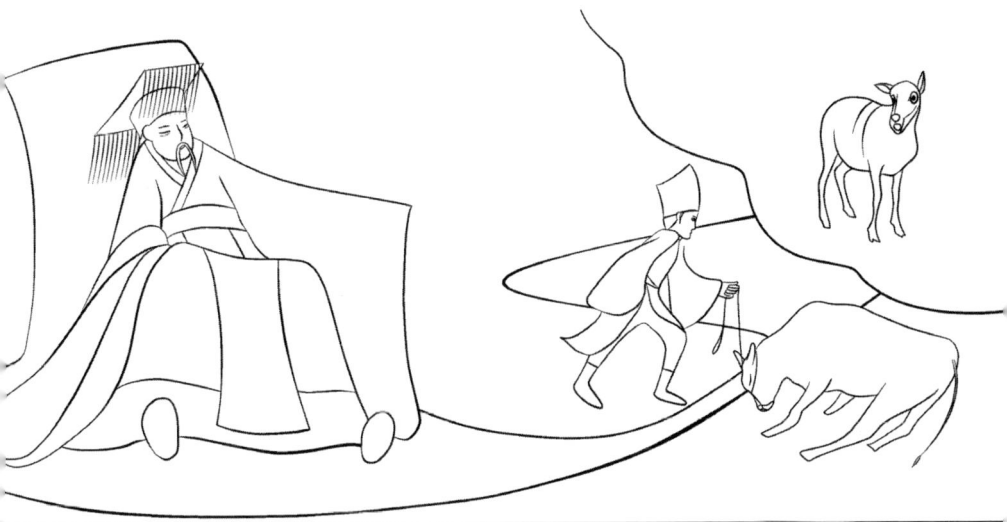

齐宣王问曰："齐桓、晋文之事可得闻乎？"孟子对曰："仲尼之徒无道桓、文之事者，是以后世无传焉。臣未之闻也。无以，则王乎？"曰："德何如，则可以王矣？"曰："保民而王，莫之能御也。"曰："若寡人者，可以保民乎哉？"曰："可。"曰："何由知吾可也？"曰："臣闻之胡龁曰，王坐于堂上，有牵牛而过堂下者，王见之，曰：'牛何之？'对曰：'将以衅钟。'王曰：'舍之！吾不忍其觳觫，若无罪而就死地。'对曰：'然则废衅钟与？'曰：'何可废也？以羊易之！'不识有诸？"曰："有之。"曰："是心足以王矣。百姓皆以王为爱也，臣固知王之不忍也。"王曰："然。诚有百姓者。齐国虽褊小，吾何爱一牛？即不忍其觳觫，若无罪而就死地，故以羊易之也。"曰："王无异于百姓之以王为爱也。以小易大，彼恶知之？王若隐其无罪而就死地，则牛羊何择焉？"王笑曰："是诚何心哉？我非爱其财。而易之以

羊也，宜乎百姓之谓我爱也。"曰："无伤也，是乃仁术也，见牛未见羊也。君子之于禽兽也，见其生，不忍见其死；闻其声，不忍食其肉。是以君子远庖厨也。"[1]

[1]《孟子·梁惠王上》。

"君子远庖厨"常常被一些耍小聪明的男人用来推脱下厨，典故的出处其实不是这么小家子气，而是在齐宣王向孟子请教霸业的背景下表达出来的。那个时候，各诸侯王都在谋求如何在相互征战中取得霸业，齐宣王亦不例外。眼巴巴地等着孟子到来后，就迫切地咨询起霸业的相关事宜。不想孟子基于王霸之别，特别不喜欢谈霸业，只愿意讲王道。他说"君子远庖厨"与王道相关，有着特别的用意。我们可能会以为，王道是天大的事，岂是一般人能够讲的。其实不然，虽说王道事关高远，可着手处与每个人息息相关。尤其是"君子远庖厨"自君子与禽兽处讲，与现代人喜欢关心的"人与动物"之间的关系，实则有着异曲同工之妙。如果对现代人喋喋不休的动物保护主义感到厌烦，则孟子提供的"君子远庖厨"这一典故，说不定能在这一问题上开启全新的视野。

典故的出处是这样的，当齐宣王向孟子请教霸业时，被孟子直接无视，反而向他讲起王道来。齐宣王觉得还挺不好意思的，担心自己是不是配不上这么宏大的事业。于是孟子鼓励他说："您肯定可以的。"齐宣王感到很奇怪，问孟子："你怎么知道我可以？"孟子就说："我听说过这么一回事。您有一次坐朝的时候，有人牵了一头牛从堂下经过，您看见了，就问：'这牛牵去是要干什么？'牵牛的人回答说：'要用它的血涂到钟上来祭祀。'您听了赶紧说：'算了吧，好端端地把它给杀了，我不忍心它那痛苦挣扎的样子。'牵牛的人问道：'那祭祀不搞了吗？'您说：'那当然不行，要不就换头羊吧。'——请问是有这么一回事吧？"齐宣王说："有这么一回事。"孟子立刻点拨说："就凭这·用心，足以行王道。老百姓以为你只是出于吝啬，而我就知道您是出于不忍之心。"齐宣王说："你说得太对了，老百姓确实这么认为。但齐国虽弱小，我堂堂一国君，也不至于舍不得一头牛吧。我就是不忍心那牛好端端地被杀了，实在是死得太无辜了，因此就换了一头羊。"

孟子说："那您就别怪老百姓以为您太吝啬。
您用一头那么小的羊，换下一头那么大的牛，
别人能不这么认为么？您要是觉得那牛死得太
无辜，难道您换的那羊就活该被杀吗？"齐宣
王一听，觉得还真是这样，看来是自己把问题
想简单了。他笑着说："那这到底是什么用心
呢？反正我真不是怕损失了那头牛。"孟子
说："您不忍心牛受到伤害，这是行仁的好办
法啊。您之所以用羊去换牛，是由于您见到了
活生生的牛而没有见到羊。作为君子，见到活
生生的禽兽，就不忍心见它死去；听到它临死
前惨叫的声音，就不忍心再吃它的肉。所以君
子要远离厨房里那血淋淋的宰杀场面。"

一

　　孟子点拨齐宣王行王道，用的是宣王以
羊易牛一事。这事说起来其实也挺小的，就像
现代人见到路边流浪的小猫小狗，谁还没起过
几分同情心，齐宣王自己肯定也没怎么放在心
上。可孟子的眼光不一样，他觉得这看似平常
的用心，其实包含着大道理。我们见到那活泼

可爱的或者是生机勃发的小生命，心里就生发怜爱之情，想去照顾、呵护它，让它好好地活下来，而不愿意它受到伤害。这说起来不过是人之常情，在复杂多变的人心里头，易起易逝，我们很容易一笔带过。孟子却停驻于此，阐发出由近及远的大道理。按下王道不表，人与禽兽之间，孟子只是借着来阐明道理，却值得我们专门来关注。齐宣王见了牛说是想放了它，这符合我们平时的同情心，不需要特别的说明。由于祭祀不可废，他用羊去换牛，这似乎也没什么。不过，要是仔细来推敲就会起疑心，用羊可以换牛的道理究竟是什么？宣王自己也没搞太明白，当他说就是觉得牛死得很无辜时，孟子当即指出，要这么来说，就只能认为羊是该死的。这肯定没道理。要说无辜，估计现在的小孩出于对喜羊羊的亲近，会说羊更无辜一些。人不至于武断到这个地步。这其间的区别，孟子指出是见与未见的问题。可就是这个见与未见，会让很多人疑心更重——就凭这个，有那么重大的分别吗？

这个确实有。正是这个"见"，经由孟子阐明之后，使得人在与禽兽之间极难把握的尺度

上，可以获得非常好的分寸感。对于禽兽，或者用我们今天更为习惯的用语"动物"，人究竟是可以随意捕杀，还是不得杀生，始终面临着两难的困境。尤其是在今天动物成为一种有限资源的情势下，允许捕杀更容易遭受抵制。尽管从生物学或生态环境的角度出发，对于正常捕杀和随意滥杀之间，一般都有着比较清楚的界线，但这并不意味着从思想上已经解决了这种两难困境。如果认可杀生，那么在可以杀与不能杀之间，就动物作为生命而言，究竟怎样来确定这个尺度？比如，要阐明猪可以杀而狗不能杀，或者什么样的狗可以杀，什么样的狗不能杀，这个界线很难明确。要么就是不得杀生。但对于不杀生，除了成为一种信仰之外，基本上什么都不是。一般情况下，我们都懂得要反对虐杀，同时又不会坚定主张不杀生。虐杀是变态的行为，而不杀生又是宗教的行为，大抵属于两种极端。从接受杀生到防范虐杀，除了从专业学科的角度规定界线之外，到底有没有一个基于人自身就可以把握的分寸呢？当然有，这个分寸就是通过"见"来获得。

如何理解孟子所阐明的这个"见"，可以从一个成语"视而不见"说起。我们通常是

【君子远庖厨】

在什么情形下使用"视而不见"的呢？只是
视觉上看到了，却根本没有往心里去，漠不
关心甚至是麻木不仁。这是从否定意义上来
说"见"，至少区分了"见"不同于一般的
"视"，或者说比"视"更为深刻。通过这种
否定说法，可以肯定"见"是往心里去了的，
不光是视觉上的碰触，更有心理上的触动。当
下"见"到一个活生生的生灵在遭受伤害，便
心生怜悯之情，一种阻止伤害的冲动油然而
生。由当下这一"见"所在心里生发出来的，
一定要呵护下来，这就给不杀提供了充足的理
由。我们认可杀生，同时又具备不杀的精神资
源，这本身就带出了一种分寸。齐宣王当下
"见"到了牛而做出以羊换牛这一举动，这
并非是在牛与羊之间做一个区分，而只是因
"见"牛而触动了内心的不忍。不要小看了这
一举动，这意味着宣王是将这份不忍之情呵护
下来，而没有去克制或抹杀它。正是呵护好这
份不忍之情，使得我们能认可杀生，却又一定
不会陷入滥杀甚至虐杀之中，从而把握好其中
的分寸。因"见"是如此，"闻"也一样。
"听而不闻"有着与"视而不见"同样的区

潜力
的生活世界

分，因此孟子同时阐明了"见其生"和"闻其声"。

二

由"见"阐明出不忍杀生的意思，这个容易让人接受。但因"未见"就能认可杀生，这恐怕依然让人费解。实际上，"未见"并非是杀生的理由，对于杀生不需要提供理由，而只是一个需要认下来的事实。将杀生认下来之后，再通过"见"给不杀提供理由，"未见"仅仅是指未能提供同样的理由。如果我们能理解以及赞同齐宣王换下牛，而无法接受他用羊去换，看起来好像只是因对牛的不忍而推理到羊那里，其实不然。换下牛不是为了拒绝杀生，而只是对杀生做出了限制。不允许用羊去换，就一定是走到了不得杀生的地步。一般来说，对于杀生，我们的用意肯定是限制，而不是拒绝。极少部分人接受禁止杀生的主张，也不可能出自这种不忍之情，而是有着其他各种激烈得多的理由。"见"与"未见"，区别在心上，界线相当分明，而推理则是脑上的事，

【君子远庖厨】

195

既不可能亦不必要通过脑来跨越心上的分别。通过"见"（"闻"也一样）来对杀生做出限制，见其生之活泼就不忍见其死，闻其声之哀鸣就不忍食其肉，这必然避免了动物被滥杀或虐杀。这种意义是巨大的，可以使得人在对动物的处置上获得分寸感，避免了要么不免滥杀、要么不得杀生的两难境地。

人在对动物的处置上，既不必为杀生而遮遮掩掩，亦不能目睹滥杀而无能为力。孟子阐明"见"或"闻"的意义，在于拒绝了为杀生而杀生，甚至是为了追求杀戮的快感而杀生。君子要远离厨房，就是由于那里充满着血腥味，或者就是血淋淋的宰杀场面，作为君子不忍耳闻目睹。如果一个人还要赶着去看那种场面，甚至还流露出欣赏之情，那必定是极其残忍之人。如孟子所揭示的那样，丧失了最起码的恻隐之心，这已经属于禽兽的行为，而与人不相干了。不像西方影片喜欢刻画那种变态杀人狂，还总是要在人性的意义上来考量。即便是对于那些个苍蝇或蚊子，也不要抱杀戮之心，不能闲着无事就拍着玩，每拍死一只还一阵欣喜。只要对动物有这种用心，再认可杀生

就不会有什么太大的问题。不光是对动物，若有那罪大恶极、十恶不赦之人，虽诛杀之亦无不可。当然不是诛之而后快，而是不得已而诛之。按孟子的说法，以生之道而诛杀之，虽死而不怨。[2]通俗一点说，杀生不是为了杀，而是为了生。杀一定是迫不得已的，杀本身不需要寻求道理来辩护，杀的道理在生，依据生的道理来杀生，最终是为了成就"生"。

三

有这么一个故事，说是汤王有一次看到有人四面设网捕获禽兽，口中念念有词，祷告说："天上飞的，地上爬的，四面八方，统统入我网中！"汤王听了叹气说："这可是赶尽杀绝啊！除了那暴君夏桀，谁还能做出这种缺德事。"于是下令叫那人去掉三面网，只留下一面，并将祷词改为："蜘蛛结网，今人效仿。所有生灵，要往左的往左，要往右的往右，要往上的往上，要往下的往下，命该受死者，入我网中。"[3]这个有点像童话故事，貌似汤王扮演了一个好心肠的国王。其实，对于

②孟子曰："以佚道使民，虽劳不怨；以生道杀民，虽死不怨杀者。"（《孟子·尽心上》）

③汤见设网者四面张，祝曰："自天下者，自地出者，自四方至者，皆罗我网。"汤曰："嘻，尽之矣！非桀其孰能如此？"令去三面，舍一面，而教之祝曰："蛛蝥作网，今之人脩绪，欲左者左，欲右者右，欲高者高，欲下者下，吾请受其犯命者。"（《新书·谕诚》）

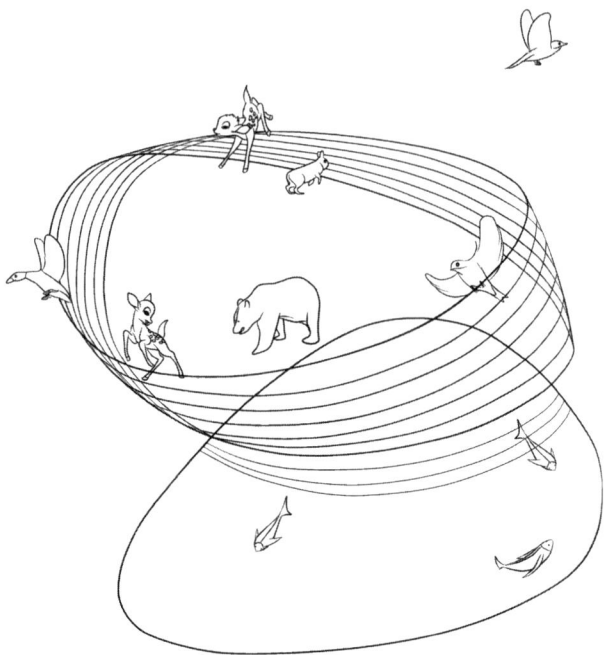

④礼，圣王之于禽兽也，见其生不忍见其死，闻其声不尝其肉，隐弗忍也。故远庖厨，仁之至也。不合围，不掩群，不射宿，不涸泽。豺不祭兽，不田猎；獭不祭鱼，不设网罟；鹰隼不鸷，睢而不逮，不出植罗；草木不零落，斧斤不入山林；昆虫不蛰，不以火田。不麛，不卵，不刳胎，不殀夭，鱼肉不入庙门，鸟兽不成毫毛不登庖厨。取之有时，用之有节，则物蓄多。（《新书·礼》）

猎杀禽兽，儒家文明一直就有"取物以顺时"的观念。比如，规定狩猎时不得采取合围的办法，不得整群整群地猎杀鸟兽，不射归巢的鸟，不要竭泽而渔，不到冬天昆虫蛰伏之时不要烧荒，尤其是注重保护幼小的禽兽和母兽，等等。④虽说这种观念并不一定与今天的动物保护主义相吻合，但确实体现出对动物的保护，而且在观念上从容中道。不像某些动物保护主义者，为了达到他们的目的，真是什么话都敢说，什么事都敢做。高速路上拦截运狗货车，这么危险的事居然还一再上演。这说明他们缺失好的观念支撑，做起事来就着急。

在某些动物保护主义者那里，有一种奇谈

怪论，即口口声声要站到动物的角度去想。他们喜欢将人说成与动物没什么太大的分别，人就是只知道站在自己的角度来看动物，而不知道站在动物的角度去为它们着想。这其实是相当荒谬的。我们生而为人，居然不足以保护好动物，却要撇开人的角度去跟动物站在一起，认为这样就可以保护动物了？这种论调的意思是，人是保护不好动物的，动物自身才可以保护他们自己。诚然，人总是容易自以为是，抱着高于动物的优越性去随意宰杀动物。但这绝不意味着人要把自己看成跟动物差不多，或者站在动物的角度就可以了。虽说只有人才会迫害或滥杀动物，但也只有人才具备保护的观念。动物的本性只是弱肉强食，只有人才能超越这种本性去保护动物。那种随意滥杀动物的行为，正是停留在动物的本性上。某些动物保护主义者喜欢将人放低到动物的层次，似乎只有这样主张，人才会不好意思去欺负或滥杀动物。但实际上却恰恰相反，不把自己当人看，而打着畜牲的名义，别说滥杀动物了，人与人之间的相互残害也变得无所谓了。这些动物保护主义者们应该好好反省自身的观念，孟子所揭示出的"君子远庖厨"，值得我们深思。

【君子远庖厨】

墨子执鬼

MO ZI ZHI GUI

公孟子曰："无鬼神。"又曰："君子必学祭礼。"子墨子曰："执无鬼而学祭礼，是犹无客而学客礼也，是犹无鱼而为鱼罟也。"①

①《墨子·公孟》。

墨子一直将公孟子当作儒家思想的代言人，这是比较成问题的。至少是经过墨子的刻画之后的公孟子，其思想往往与儒家似是而非，出入很大。比如公孟子这里声称的"无鬼神"，其实很难说是儒家的思想主张。公孟子本人是否真表达过这样的立场，无从得知，但可以确定的是，儒家不会这样表达。在鬼神的问题上，儒家既不会说有，也不会说无。墨子要么有意忽视这种差别，要么没有搞懂儒家的意思。更有可能的是，墨子为了提出"有鬼神"的思想主张，而需要将儒家打造成思想的对立面。让公孟子来代言儒家，只是顺手的事。

这一对话的大意是，公孟子才说"没有鬼神"，马上又强调"君子必须得学祭祀"。

于是墨子就表示奇怪了，郑重地说："主张没有鬼神却要学祭祀之礼，这就好比没有客人光临却要学待客之礼，或者又像是水里分明没鱼却还要结渔网。"墨子是打比方的高手，用水里没鱼却要结渔网，来突显主张没鬼神却要学祭礼的怪异性，看起来效果非常好。墨子这是要将矛头指向儒家，虽说儒家并非认为没有鬼神，但确实不是主张有鬼神而学祭礼。就此而言，墨子的针对性还是有效的，他正是坚持既学祭礼又得"执鬼"，即主张有鬼神。

一

正因为有鬼神，这才需要学祭祀之礼，如同正因为水里有鱼，才需要结渔网一样。这样说起来是显得非常顺，但仔细琢磨一下，还是不难发现，这个比方将最重要的地方给掩盖过去了。水里是否有鱼，这只是一个经验上的事实；可这世上是否有鬼神，却不是这样一个事实。无论是有还是没有，都无法像水中是否有鱼那样获得证实。是否有鱼与是否需要结渔网，只是一种简单的对应关系；可是否有鬼神与是否需要学祭祀之礼，这之间的关系要复杂得多。如果只能看到有鬼神才需要祭祀，没鬼神就用不着祭祀，这明显就是将问题简单化了。其实有鬼神也未必需要祭祀，没鬼神也未必不可以祭祀，这其中的复杂性跟鱼与渔网之间不是一个量级的。墨子恐怕将问题看得太简单，鬼神可真不是那么容易能搞清楚的。

鬼神究竟是有还是没有，这在思想史上一直是备受争议的，到现在都还没个定论，可以想象未来也会继续争论下去。东汉时期有一个叫桓谭的思想家，他曾明确主张精神是离不开形体的，人死之后形体腐朽，断然不可能还有精神的存在。他将精神与形体的关系比方成烛火与烛之间的关系，说是烛烧完了，烛火还怎么可能存在呢？桓谭还借烛火之喻，细致地阐述了人要注意保护好自己的身体，就如同要细心呵护烛火一样，等到蜡烛燃完了才熄灭。要是不幸早夭，好比没护好烛火而被风所吹灭，剩下好端端的大半截蜡烛在那，多可惜。②这一比方形象地道出了精神与形体之间的密切关系。既然精神不可能离开形体而存在，当然也就意味着人死之后无所谓鬼，亦无所谓神了。

②精神居形体，犹火之然烛矣。如善扶持，随火而侧之，可毋灭而竟烛。烛无，火亦不能独行于虚空，又不能后然其炷。炷犹人之耆老，齿堕发白，肌肉枯腊，而精神弗为之能润泽内外周遍，则气索而死，如火烛之俱尽矣。人之遭邪伤病，而不遇供养良医者，或强死，死则肌肉筋骨，常若火之倾刺风而不获救护，亦道灭，则肤余干长焉。（《新论·祛蔽》）

【墨子执鬼】

桓谭算是比较自觉的无神论者。通常说来，我们一般人平时既称不上是有神论者，也很难说就是无神论者。在并未自觉的状态中，我们以为世上有鬼神或无鬼神，都是很不坚定的，稍不留神就变成了相反的意见。因为无论是无神论还是有神论，都不会是一种经验上的知识，而是一套思想系统，必须要通过自觉的反思，才可能形成比较坚定的有神论或无神论的立场。也就是在这个意义上，桓谭才可以称得上是无神论者。

不过，桓谭用来阐明精神与形体关系的烛火之喻，还是有着明显的漏洞。这一漏洞被东晋的慧远所利用，并改装成为薪火之喻，反而成为了灵魂不朽的推手。烛火之喻的漏洞在于，虽蜡烛是可以燃尽的，但烛火恰恰可以在熄灭之前传到下一根蜡烛。慧远将蜡烛换成柴薪，他阐述说，薪火在不同柴薪之间传递，就好比精神在不同形体之间轮回，虽柴薪可以燃尽，薪火却能不断地传递下去。因此，形体虽说是可朽的，精神却可以永存。他嘲笑那些无神论者，看到人随着身体变老而死亡，就以为精神也会随之消亡，这就好比只看到火在一根柴薪上燃尽了，却居然意

识不到，薪火可以在不同柴薪之间传递。③很明显，慧远只是巧妙利用了烛火之喻留下的漏洞，成功地为灵魂不朽而辩护。当然，论证灵魂不朽是个巨大的课题，比方只是将阐述变得更形象，而不能代替论证本身。就比方而言，既然桓谭不慎留下了漏洞，也就可以有人来再堵上这个漏洞。这一工作是南北朝时期的范缜来完成的。为了继续桓谭的无神论事业，范缜重新运用了刀刃之喻。他用刀刃与锋利性之间的关系来比喻形体与精神，形体好比刀刃，精神则如刀锋。没有刀刃就无所谓刀锋，而关键是，刀锋不可能在不同刀刃之间传递，这就有效地堵上了桓谭的漏洞。而且，刀锋于刀刃而言是其功用，而不是另一样东西，这用来比喻精神作为形体的功用显得更为贴切。④

世间鬼神的有与无，不是哪个思想家经过一番论证就可以解决的，这只是用来说明，它确实是一个异常复杂的论题。墨子用水里是否有鱼来打比方，明显有失简单，而且他的论证方式也同样如此。为了阐明世间是有鬼神存在的，墨子的手法居然是不断地讲鬼故事。比如他讲了这样一个鬼故事，说是燕简公冤杀了他的大臣庄子

【墨子执鬼】

③ 请为论者验之以实。火之传于薪，犹神之传于形；火之传异薪，犹神之传异形。前薪非后薪，则知指穷之术妙；前形非后形，则悟情数之感深。惑者见形朽于一生，便以为神情俱丧，犹睹火穷于一木，谓终期都尽耳。（《弘明集》卷五）

④ 形者神之质，神者形之用。……神之于质，犹利之于刃；形之于用，犹刃之于利。利之名非刃也，刃之名非利也。然而舍利无刃，舍刃无利。未闻刃没而利存，岂容形亡而神在？（《弘明集》卷九）

⑤昔者燕简公杀其臣庄子仪而不辜，庄子仪曰："吾君王杀我而不辜，死人毋知亦已，死人有知，不出三年，必使吾君知之。"期年，燕将驰祖，燕之有祖，当齐之社稷，宋之有桑林，楚之有云梦也，此男女之所属而观也。日中，燕简公方将驰于祖涂，庄子仪荷朱杖而击之，殪之车上。当是时，燕人从者莫不见，远者莫不闻，著在燕之春秋。诸侯传而言之曰："凡杀不辜者，其得不祥，鬼神之诛，若此其憯遬也。"以若书之说观之，则鬼神之有，岂可疑哉？（《墨子·明鬼下》）

⑥故尚书《夏书》，其次商周之《书》，语数鬼神之有也，重有重之。此其故何也，则圣王务之。以若书之说观之，则鬼神之有，岂可疑哉？（《墨子·明鬼下》）

仪，庄子仪死前立下誓言，说："我死得实在太无辜了。如果死后无知也就罢了，若是死后有知，三年之内，一定要让君王遭受报应。"才过一年，有一天燕简公坐在车上，正赶往一个叫祖涂的地方时，庄子仪突然从天而降，肩扛朱杖而将燕简公击杀在车上。墨子强调说，这事当时跟随的燕人都亲眼所见，整个燕国都传得沸沸扬扬，并且还记录在燕国的史书上，绝对假不了。因此，世间分明是有鬼神的，这有什么好怀疑的呢？⑤墨子讲了好些这样的鬼故事，而且不断地强调这是什么样的史书上记载的。他说，《周书》上多次记载了鬼神的存在，《商书》上也有记载，《夏书》同样不例外，既然史书上不断地有记载，总不可能都是假的吧？⑥这也是墨子的思想风格，从不故弄玄虚，连论证鬼神的存在都显得这么朴素。但不管如何，鬼故事的作用只能发生在经验层面上，而鬼神之有无停留在经验层面是说明不了问题的。

二

对于鬼神的问题，孔子有一位叫子路的高

徒，曾专门就此事请教过孔子。子路问如何对待鬼神的问题，孔子的回答是："未能事人，焉能事鬼。"子路接着又问到死亡的问题，孔子回答说："未知生，焉知死。"⑦孔子的前一回答实际上是说，"事鬼"与"事人"并非是两样完全不同的"事"，如果能"事人"，自然也就能"事鬼"，并没有一个在"人"之外要专门来面对的"鬼"。后一回答就更为明了，"死"并非是跟"生"根本不一样的事，不可能在"知生"之外，还要另外来"知死"。因此，知"事人"即知"事鬼"，"知生"即能"知死"。孔子师徒讨论的是如何面对鬼神和死亡的问题，并没有直接涉及鬼神有无的问题。有人可能会觉得很奇怪，都在谈论如何面对鬼神了，难道这不是在有鬼神的前提下才会谈的吗？这仍然将鬼神是否存在的问题看简单了，如何面对鬼神并不以鬼神存在为前提，大概正因为连它是否存在都无法确定，才更需要掌握如何来面对它。孔子在另一处明确说过，祭祀的时候就要当作祭祀的对象在那里，而祭祀神灵的时候就如同神灵在跟前。⑧孔子谈论的是祭祀，却直接涉及鬼神是否存在

⑦季路问事鬼神。子曰："未能事人，焉能事鬼？"敢问死。曰："未知生，焉知死？"（《论语·先进》）

⑧祭如在，祭神如神在。（《论语·八佾》）

下篇

【墨子执鬼】

207

的问题。答案是"如在",即如同存在一样。"如在"的意思是,既没有确认鬼神是存在的,也没有否认鬼神的存在。鬼神是否像水里的鱼那样存在着,这个真不知道,但是,祭祀的时候,就一定如同它就在那里一样。这就是孔子对待鬼神的态度。正是在这个意义上,墨子将公孟子"无鬼神"的声称当作儒家的立场,是有一定问题的。

这样说来,孔子在鬼神的态度上是模棱两可,或者说是暧昧的吗?当然不是,孔子本人从不谈论神神鬼鬼的东西⑨,对于鬼神的有无,孔子的明确态度就是"存而不论"。为什么不论呢?是因为那不应该成为人的问题。鬼神的问题其实根源在于人自身,一定是活着的人遭遇了厄运,或者陷入了危机,这才会将鬼神的问题带到跟前。是人的生存状况出了问题,却以鬼神的假象呈现出来,真正要解决问题也必须回到人的生存当中来面对。如果没有这种意识,就难免会上那种装神弄鬼的人的当。人的生活如果顺顺当当的,通常不会拿鬼神的事来吓唬自己。当然,有人可能会不以为然,觉得人活得再好,也不妨碍思考一下死后

⑨子不语怪,力,乱,神。(《论语·述而》)

的状态。是这样的，倒也不是说有什么妨碍，可是当有人声称思考死后的状态时，他是觉得活着的状态都已经思考妥当了吗？就像子路问如何"事鬼"时，这意味着"事人"处都已经全部妥当了？当然不可能。那我们有什么理由放着更为迫切的"人事"不管，却一门心思钻研"鬼事"呢？从这个意义上说，鬼神的存在与否不应该成为人的问题。我们专心致志于"事人"，懂得如何为人处世、待人接物，自然也就懂得如何"事鬼"。不可能说，我们懂得如何与人打交道，还得另外再掌握一门与鬼神打交道的学问。鬼神之事就在人事当中，一定要表达一种对待鬼神的态度，就是以平时待人接物的方式处之。这就是荀子所说，对待死者如同对待生者，对待死亡如同对待生存。⑩

⑩事死如事生，事亡如事存，状乎无形影，然而成文。(《荀子·礼论》)

三

儒家这种对待鬼神的姿态，既显示出没有忽视鬼神问题的复杂性，又表达出处理鬼神问题的高明性。墨子将矛头对准儒家不承认鬼神却又要祭祀的主张，以为抓住了前后逻辑不

一致的把柄，这是他将鬼神问题简单化所导致的。在墨子眼里，只有承认鬼神是存在的，才能理解对鬼神的祭拜，由此显示出他对祭拜的理解还处在低层次的水平上，对鬼神的祭拜是出于安抚的需要。虽说墨子是为了关注鬼神的赏善罚恶功能，却离不开这种安抚鬼神的心理。但对于儒家而言，祭祀并不取决于对象是否存在，不是鬼神存在才去祭祀，不存在就不需要祭祀。荀子说，祭祀之义，是为了表达志愿、诚意、思念、追慕之情，是由于内心充满着忠贞、信义、亲爱、敬畏，才会要求举办隆重的祭祀礼仪来表达。[11]祭祀祖先，就是表达对已故亲人的思念和追慕之情；祭祀鬼神，就是表达对鬼神的诚意和敬畏之情。至于祖先死后是否存在，或者鬼神是怎样存在的，这都不是人应当关注的。不得不说，儒家对祭祀的理解是十分深刻的，对于鬼神的处置也显得非常高明。墨子将儒家的主张视为"执无鬼"，这不光是理解上出了偏差，他以"执鬼"的立场来看待祭祀之礼，显然是将儒家的思想水准拉低了。

庄子妻死，惠子吊之，庄子则方箕踞鼓盆而歌。惠子曰："与人居长子，老身死，不哭亦足矣，又鼓盆而歌，不亦甚乎！"庄子曰："不然。是其始死也，我独何能无概然！察其始而本无生，非徒无生也，而本无形，非徒无形也，而本无气。杂乎芒芴之间，变而有气，气变而有形，形变而有生，今又变而之死，是相与为春秋冬夏四时行也。人且偃然寝于巨室，而我噭噭然随而哭之，自以为不通乎命，故止也。"[1]

①《庄子·至乐》。

　　庄子在他太太去世的时候，居然还在那里鼓盆而歌，这事闹得可以说是家喻户晓。庄子虽说是高人，做事往往不合常理，这也没什么好奇怪的，可毕竟人死不但不流泪，还要敲锣打鼓地飙歌，终究还是太超乎人的想象。如果只是冷漠无情，那天下的薄情郎多的是，也不多庄子这一个，没什么好说的。庄子是个极富情怀的人，虽说不见得是个多情种子，但绝不至于是薄情寡义之流，不然就不会有流传千古的知鱼之乐。对于一条水中游走的鱼尚且如此放在心上，何况是朝夕相处之人？庄子鼓盆而歌，必有其思想上的理据来支撑。

其实也不只是我们这种凡夫俗子搞不懂庄子，即便是他的老朋友惠施，也一样摸不着头脑。惠施去悼念的时候，庄子叉开两腿坐着，像个簸箕一样，正敲着盆唱着歌。他见庄子那样，也是瞠目结舌的，指着庄子就骂："你太太跟你生活了这么多年，为你生儿育女，多不容易！如今不幸去世，你不哭也就罢了，还要这样边敲边唱。你这到底唱的是哪一出啊？"庄子回应说："你别这么嚷嚷，好不好？事情不是你想的这样子。她刚去世的时候，我也不是没伤心过。可后来仔细一琢磨，觉得这人吧，活了这么几十年，难道真的就是这样说没就没了吗？总觉得这样想不对。生死之间到底是怎么回事呢？其实是由混沌、阴阳、形体、生灵这么循环往复，像春夏秋冬四季更替一样，也挺自然的。既然是天地之间这么自然的事，我又何必在那里哭哭啼啼的呢？你见过因

【鼓盆而歌】

春去秋来而哭泣的吗？这岂不是太不通达于命
了么？"

一

对于庄子鼓盆而歌这件事，可以讨论的
角度有很多。生死问题当然是最直接的，还
有夫妇之间、情理之间、哀乐之间，等等，
都可以由此切入展开思考。不过，我们特别
关注的是庄子最后所言"不通乎命"，这个
"命"字在这里也显得很关键。看起来似乎
是，庄子将人死归于命，这有点像村妇们之间
的相互安慰。将人所遭遇的灾难或者死亡归结
为"命"，这都是命中注定的，因此也就用不
着那么伤心了。我们当然不会这样简单地理解
庄子，但以"死生有命"而言，这还真不是只
有村妇们会这样说，《论语》中就赫然有记
载。所谓"死生有命，富贵在天"，固然免不
了会让一般人简单粗暴地理解为命中注定，但
"命"字之义深浅不一，不能轻易带过。尽管
我们熟知"命令""命定""生命"之类的词
汇中的"命"，可对其所关涉的意义域恐怕并

不了解。"命"与其本义"令"相比多了一个
"口"字，有一种发号施令的在场感，是清楚
可知的。可一旦引申到一种神秘力量的无声命
令时，突显的恰恰是其不可知性。庄子也喜欢
说"知其不可奈何而安之若命"[2]，正是基于
"命"的深不可测或不可捉摸。在鼓盆而歌中
所言的"命"，亦与此类同。对于那些无神
论者而言，这种"命定"的意味是极易遭鄙
视的，跟迷信或愚昧是差不多的意思。不幸
的是，只要我们承认"生命"，就摆脱不了
"命"的这一意味。将"命定"之义宣称为迷
信，欲攻之而后快，其与动不动就宣称"命中
注定"，同样是简单粗暴的表现。我们不妨由
"生命"之义切入，展开对"命"的思考。

　　"生"为何会在"命"之中呢？我们可
以仔细想一想，人整个的一生处于生后与死前
之间，将由生到死的生存境遇付诸某种"命
定"的作用，这并不过分。毕竟，我们何以此
时此地生而为人，而又彼时彼地趋于死亡，尤
其是我们为何而生、生而何为，这都强有力地
支持着一种不可知的"命定"。关键是如何来
理解这种"命定"之义，并非只有宿命论一条

下篇

【鼓盆而歌】

道。"命定"可以指注定，也可以指限定。人的"生命"正是通过对"生"予以各种限定而达成的，"生"总是被"命"所限定，亦因此种限定而总是有所承担，这是将"生"置于"命"中而用来表达人的"生命"所包含的意味。这就透露出"命"的某些端倪，说不定具有特别丰富的含义。"命中注定"往往带来的是消极的应世，而"命所限定"却可能转变成积极的担当。这两种针锋相对的处世态度都有可能来自于对"命"的理解，可见值得我们思考清楚。这其实也不难理解，当我们哀叹"命该如此"时，那就是绝望的声音；而当我们誓言"赋有使命"时，却又是希望的声音。同样是表达一种反应，针对冥冥之中不可知的力量，何以会有这种截然相反的差别呢？

二

对于我们而言，"命"其实有这两方面的含义：一方面是"不可更改性"，我们既不能明白何以置身于此时此地，亦无法根据自己的意愿去做出更改，这充分体现出冥冥之中的那种不可捉摸、难以把握；另一方面是"可担当性"，正因为无法更改而不具备选择的可能性，唯有当作一种被赋予的使命担当起来，去积极地面对，这鲜明地体现出人的坚定与勇敢。应当说，每一个人的"生命"，固然是被"命"所限定，亦是以同样的方式被"命"所成就。所有人的具体生存情境，都离不开"命"所给出的种种限定，我们也正是面对各种限定所给出的现实而担当起来，才成就了我们每一个人的人生历程。这样来理解我们的"生命"，也许跟平时以为的那样有很大的出入。一个人的具体生存情境中，确实有许多不可更改的因素，比如我们的父母、年龄、出生地等等，但同时也有很多可以根据我们的意愿发生改变的因素，比如我们的朋友、成绩、考大学等等。看起来似乎是这样的，对"生命"的理解取决于我们是强调不可更改的一面，还是强调可以选择的另一面。但实际上，我们今天过分高扬改变自我、主宰命运的观念，流行"我的地盘我做主"的口号，这种看似积极的态度，并非是清醒地认识了自我和命运的表现。要是平时顺利就还好，一旦天有不测风

【鼓盆而歌】

云，很可能就立马倒转过来，一下子陷入宿命论当中。相反，清醒地认识到我们始终面临着强大的不可更改性，由此坚定地去担当，并不会耽误我们做出改变。也只有这样，才称得上是既认清了自己，亦看清了命运，从而确保任何时候都不陷入怨天尤人之中。③

　　"命"的含义还远不止这些，儒家会揭示出我们人的本性来源于天之命④。当然这个意思主要是强调人性贯通于天地，以"性"来论"命"，将十分有助于我们进一步理解"命"。一般人对于"命"的兴趣，主要是出于它的不可捉摸性。就比如对"算命"的好奇，究竟是否灵验呢？人有注定不可更改的命运吗？这种命运是可以预知的吗？命运的预知对于人们来说，从古至今都具有强烈的吸引力。这当然不难理解，有一句俗语叫"早知三日事，富贵万万年"，早知命运说不定可以轻易飞黄腾达，就是再不济也可以做到逢凶化吉。实际上，"命"被曲解往往就是这样造成的，以至于常常被当作愚昧落后的观念来反对。"命"自身的命运往往就是在这两种极端之中徘徊，要么当作依靠不断地被把捉，要么

③自知者不怨人，知命者不怨天，怨人者穷，怨天者无志。（《荀子·荣辱》）

④天命之谓性。（《中庸》）

视为对手不断地被攻击。生活经验告诉我们，人很多时候会发现自己太无力，有太多事情跟自己的努力根本没什么关系，没法不承认冥冥之中有不可知的力量在发生作用。但另一些时候又强烈感受到，有许多事情就是靠自己一件一件在改变着，似乎又说不上有什么命中注定的东西。就这样，我们一方面想依赖于"命"来宽慰自己的身心疲惫，另一方面又想摆脱于"命"来激发自己的昂扬斗志。这一切都是由于没有区分"性"与"命"所导致的。

对于很多事情，我们不知道结局究竟会怎么样，但总得要去做。要是将事情做成了，我们会觉得这是自身努力的结果；要是把事情搞砸了，我们很可能就会付之于"命"。"命"的一个奇妙之处在于，同样是付之于"命"，宣称"命该如此"，有时候是指一种不幸，有时候则是指一种侥幸。当有人慨叹"命该如此"时，别人可能认为其实是"活该如此"。这一字之差，意味却截然相反。"命该如此"意味着一种不幸，是令人心生同情甚至是为之悲痛的处境。可"活该如此"则意味着其应有的下场，不但没人同情，反而会让人拍手称快。那么，如果一旦把事情搞砸了，我们可能面对的是"命该如此"还是"活该如此"呢？生活经验告诉我们，有很多事情都不可能确保做成功，在这个意义上，"命"的意味其实是不可避免的。但肯定不是所有搞砸的事都可以归之于"命"，真有可能就是"活该"。究竟是"命该"还是"活该"，唯有这一层是我们可以完全掌握的。即是说，我们无法确保事情总是能做成功，却可以确保事情没做成功时一定是"命该如此"，而不可能是"活该如此"。

反过来，如果事情成功了，也是有区别的。事情做成之后，当有人自以为"原该如此"时，别人也许认为只是"命该如此"。此处的"命该如此"意味着一种侥幸，是让人觉得事情能做成不过是命好一些，别人心里可能会不服甚至不屑。要是"原该如此"，则意味着是值得的成果，是一步一个脚印踏踏实实获得的，让别人认可甚至推崇。同样地，当事情成功之时，究竟是"原该如此"还是"命该如此"，这也是我们能掌握的。可见，在人事的得失之间，分别有这样两种截然相反的区分。

如何来理解得失之间的这种区分呢？有这么一个故事，春秋时期的卫将军向子贡请教说："季文子曾经三次被罢黜又三次被重用，这是为什么呢？"子贡就说："季文子被罢黜的时候就追随贤达之人，被重用的时候又举荐困窘之人。他富裕的时候将财产分发给贫穷之人，他身份高贵的时候又礼让贫贱之人。他要是被重用了，那是原该如此；要是被罢黜了，那是命该如此。"卫将军接着问："有人被罢免一次，就再也没被起用过。这又是为什么呢？"子贡说："那是由于他被罢免的时候不知道追随贤达之人，在起用的时候又不举荐困窘之人，富裕的时候不与贫穷之人分享，身份高贵的时候瞧不起卑贱之人。他要是被起用了，那是命该如此；他要是被罢免了，那是活该如此。"⑤

三

做事情通常有成与不成两种结局，同时也有该与不该两种用心。是我们应该做的事情，如果成了则是原该如此，而非侥幸，如果不成

⑤卫将军文子问子贡曰："季文子三穷而三通，何也？"子贡曰："其穷事贤，其通举穷，其富分贫，其贵礼贱。穷而事贤则不悔，通而举穷则忠于朋友，富而分贫则宗族亲之，贵而礼贱则百姓戴之：其得之固道也，失之命也。"曰："失而不得者，何也？"曰："其穷不事贤，其通不举穷，其富不分贫，其贵不礼贱：其得之命也，其失之固道也。"（《说苑·善说》）

下篇

【鼓盆而歌】

221

就是命该如此，是一种不幸；是我们不该做的事情，如果成了只是命该如此，是一种侥幸，如果不成就是活该如此，而非不幸。我们无法确保事情的结局，却一定可以把握做事的用心。由此就可以区分出：有些方面是我们无法确保的，只能努力而不能要求必至的结果；有些方面是我们可以确保的，只要努力一分就必有一分的成果。儒家将后者归于"性"而前者归于"命"。这种区分的重大意义在于，让我们懂得在能确保的方面，以人性的名义投入全身心的努力，并在不能确保的方面，不去耗费心思而付之于"命"。据说当年鲁国的城门朽坏，有坍塌的危险，却迟迟得不到整修。有一次孔子从城门下经过时，看到朽坏的样子，赶紧加快步伐远离城门。他身旁跟着的随从对孔子的举动不以为然，口中嘀咕说："这城门都坏了好长时间了，一直也没出过什么事，不至于吓得跑这么快吧。"孔子回应说："我就是痛恨为什么要让它坏这么久。"⑥

　　我们在平常生活中面对事情时，如果只是关心最后的成败，那就像是从朽坏的城门下经过，总是抱着侥幸的心理，心想这一次经过

⑥ 鲁城门久朽欲顿，孔子过之，趋而疾行。左右曰："久矣！"孔子曰："恶其久也。"孔子戒慎已甚，如过遭坏，可谓不幸也。故孔子曰："君子有不幸而无有幸，小人有幸而无不幸。"（《论衡·幸偶》）

不至于坍塌吧。孔子是想告诉我们，与其花心思琢磨是否会遭遇坍塌，不如一开始就将城门修好。这样我们每次经过城门时，心里就踏实了，而用不着心存侥幸。才发现城门朽坏，就应该马上整修，这才是我们该花的心思。这就好比我们平时做事情，要将心思放在是否应该做上面，只有在这上面想清楚了，对于成败才可以坦然面对。可见，君子是将人事做安稳了而付诸天命，小人是全靠冒险行事而心怀侥幸。⑦如果对"命"能理解到这个份上，则意味着对"生命"有了比较好的认识和把握。即便与庄子将生死归于"命"的体悟相比，亦毫不逊色。

下篇

【鼓盆而歌】

孔子之贤

KONG ZI ZHI XIAN

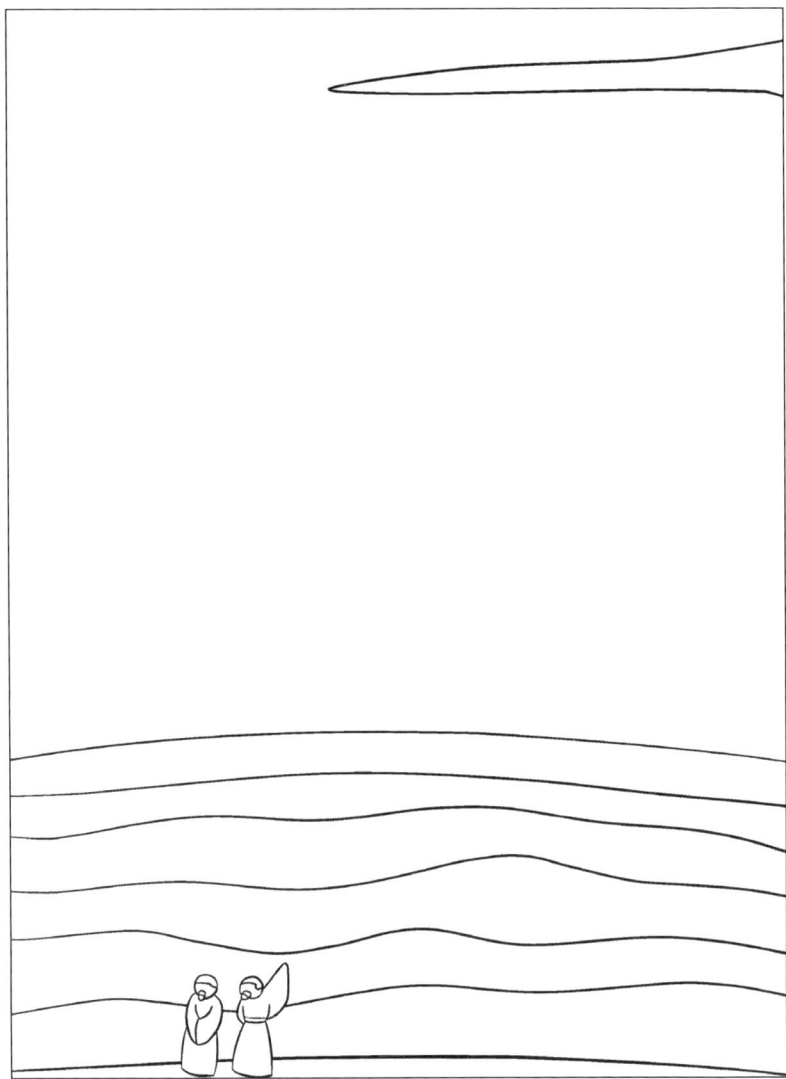

齐景公谓子贡曰："子谁师？"曰："臣师仲尼。"公曰："仲尼贤乎？"对曰："贤！"公曰："其贤何若？"对曰："不知也。"公曰："子知其贤，而不知其奚若，可乎？"对曰："今谓天高，无少长愚智皆知高。高几何？皆曰不知也。是以知仲尼之贤而不知其奚若。"①

①《说苑·善说》。

　　将孔子视为圣人，今人要么是缺乏理解的能力，要么是缺乏理解的用心。很少有人愿意承认自己的能力不足，更不会接受需要有这样的用心。对于孔子是圣人的这一说法，今人能够理解到的是，圣人只是后人对孔子的封号，要是把这种封号当真，那就相当于是把老子当太上老君看了。太上老君是住天上的，涉及天外飞仙、长生不老、法力无边之类的问题，这跟相信孔子是人世间的圣人，完满地实现了天所赋予人的本性，难道是一回事吗？这有点类似于历史上是否有

【孔子之贤】

唐僧这个人跟是否有孙悟空这个人，虽说看起来师徒二人是同一回事，实则有着天壤之别。因为唐僧毕竟是父母所生，而孙猴子则是从石头缝里蹦出来的，这明显不科学。孔子作为圣人，不违背科学，不违反逻辑，不超乎理性，也不是传说，不是神话，不是宗教，而是一种符合人性而又真实的文明。然而，要今人理解和接受，简直比登天还难。

当年齐景公问孔子的高徒子贡："您的老师是哪位？"子贡回答："我的老师是孔子。"景公接着问道："孔子是不是一位很厉害的老师？"子贡说："是很厉害。"景公又问："那有多厉害呢？"子贡摇摇头说："不知道。"景公有些不满地说："你信誓旦旦地说你老师很厉害，却又说不出有多厉害，你这是什么意思？"子贡从容回答道："要是说天很高，无论男女老少都知道。但若要问天到底有多高，谁都不知道。因此我知道夫子很厉害，却不知道到底有多厉害，这不是一回事吗？

一

　　孔子的声名，齐景公应该是略有所闻的，估计他就是想听听子贡作为弟子，到底是怎么评价自己的老师的。但他没意识到，子贡在孔门弟子"四科十哲"中属言语科，想要通过言语探他的底，哪有那么容易。三言两语下来，齐景公从子贡那里听到的意思是，天有多高，孔子就有多厉害。可关键是，人家子贡也没直接这样说，要真是劈头来这么一句，别人听了心里也只会犯嘀咕，觉得你这弟子也太会吹捧老师了，都吹到天上去了。子贡有这么说吗？分明就没有，可齐景公听了就是这个效果，这就叫水平。做弟子的有这水平，那做老师的还能差吗？齐景公听完，肯定是觉得有弟子如此，真是不服不行。

　　这也保不住有人还是觉得不服，觉得子贡不过就是会说而已。什么天有多高，孔子就有多厉害，有这么玄乎吗？怎么不说海有多深，孔子就有多厉害呢？巧得很，子贡还真就这么说过。有一次赵简子问子贡说："尊师孔子的为人怎么样？"子贡毫不犹豫地回答说："不

【孔子之贤】

好意思，我还真是没搞清楚。"赵简子觉得子贡完全是在推托他，满脸不高兴地说："您跟随孔子都有几十年了，直到完成了全部的学业才离开。我只是想问问您孔子的为人如何，您却跟我说搞不清楚，有您这样打马虎眼的吗？"子贡忙说："真不是这样。我是跟随夫子几十年了，可这几十年中，我如同一个口渴之人面对一片汪洋大海，仅仅就是舀了那么几瓢水止了我的渴，我感到满足还来不及，哪还搞得清楚整个汪洋大海的状况。夫子就如同那汪洋大海，我是真没那个能耐认识得完全。"赵简子一听倒抽一口冷气，禁不住翘起大拇指说："高，真是高！我算是见识了。"[2]如果刚才还只是说天有多高，孔子就有多厉害，那么现在子贡则现身说法，不光是海有多深，孔子有多厉害，而且他作为弟子，在孔子那片汪洋大海跟前，不过是取了几瓢水的人。眼前的子贡已经表现得那么厉害了，背后的老师该有怎样高超的化境，这还不够清楚吗？相信赵简子已经被子贡所展现的孔子的高大形象所深深震撼了，等到他儿子赵襄子的时候，又一次受到这种震撼。

②赵简子问子贡曰："孔子为人何如？"子贡对曰："赐不能识也。"简子不悦曰："夫子事孔子数十年，终业而去之，寡人问子，子曰'不能识'，何也？"子贡曰："赐譬渴者之饮江海，知足而已。孔子犹江海也，赐则奚足以识之。"简子曰："善哉，子贡之言也！"（《说苑·善说》）

赵襄子的故事放后面再讲，先说作为弟子的子贡这样来描绘自己的老师，其真实性究竟如何。关于真实性，并非是指子贡与齐景公或赵简子的对话是否符合历史事实，这个问题留给历史主义者去纠缠好了。重要的是，子贡所描绘出的孔子形象，这是可能的吗？当然，子贡并没有具体列举孔子究竟有哪些高强的本领，也就没办法来落实这些本领是否属实。子贡只是做出某种形容，如果要追究真实性，只在于弟子的这种形容是真心实意的流露，还是夸张的客套。看起来这就成了要揣测子贡的心意了，似乎并没什么意义。其实也不是。如何理解孔子那种比天高、比海深的强大能量？

所谓圣人形象，当然不是指拥有无所不能的超能力，圣人仍然只是人，而不是超人，更不是神。圣人的伟大之处在于，他完满实现了天所赋予人的本性，并且成功地展示出一种好的政治，可以让整个人类尽量充分地实现人的本性。圣人并非是无所不能的，而仅仅是在如何实现最美好的人性上，圣人是先于所有世人而最能的。但即便是在这一方面，也并非是世人所完全不能的，圣

人仅仅是先于人而最能而已。如果我们的人类社会有一种最真实的可能性，圣人先于所有人见到了这一最真实的世界，并为如何追求这一真实的世界塑造了文明的路径。之后历代的学者们在这一文明当中，都只是力图去见圣人所见到的全貌，从而并未超出圣人，这种可能性难道没有吗？孔子作为这样的圣人，当他给弟子传授他的真实所见时，弟子们每每感到比天高、比海深的景象，对这不必觉得不可思议。子贡对孔子的形容，也就是这样一种情形，完全可能是出于他的真实感受。

像子贡这样推崇自己的老师，难免会遭到有些人的抵制。比如赵简子听了子贡的话，肯定是从此以后对孔子赞不绝口，这让在他身边的儿子赵襄子听了就烦。年轻人心高气傲，心想：孔子有那么了不起吗？以后找个机会一定要让孔子出一下丑。终于有一次赵襄子逮着了机会，他劈头就问孔子："听说您老整天拎着见面礼在列国之间奔波，见到的国君都有七十个之多，却从没得到过重用。这到底是由于这世上连一个明君都没有，还是您老坚持的

道原本就不通呢？"好家伙，估计这问题赵襄子是在心里琢磨好长时间了，他料想孔子会左右为难，肯定十分恼火，这样不就让孔子出丑了吗？可他万万没想到，孔子只是微微一笑，根本就不搭理他。这下感到恼火的不是孔子，反而是他自己，可他又不好发作，心里很是郁闷。过了几天，他遇上了孔子的弟子子路，连忙抓住他问："前几天向你的老师请教道理，可他不吭声。他如果是心里知道却不告诉我，那他是故意隐瞒，故意隐瞒也未免太没良心了吧。如果我相信他真是不知道，那他连我问的问题都搞不清楚，还称得上是圣人吗？"赵襄子是如法炮制又来这么一问，看来他是要跟孔子师徒死磕到底了。他明摆着就是想逼对方左右不是人，估计孔子也就是见他咄咄逼人，不想搭理他，但子路就不得不回答了。他说："如果建造一口有天下那么大的鸣钟，却拿一根普通的木槌去敲，您觉得可以敲得响吗？您去问夫子，这不是等于拿这普通的木槌去敲吗？"子路的回答，只差最后没指着赵襄子的鼻子质问："你没敲得响，这到底是钟的问题还是槌的问题呢？你还好意思问！"③子路将

③赵襄子谓仲尼曰："先生委质以见人主，七十君矣，而无所不通识，世无明君乎？意先生之道固不通乎？"仲尼不对。异日，襄子见子路，曰："尝问先生以道，先生不对。知而不对，则隐也，隐则安得为仁？若信不知，安得为圣？"子路曰："建天下之鸣钟而撞之以梃，岂能发其声乎哉？君问先生，无乃犹以梃撞乎？"（《说苑·善说》）

【孔子之贤】

231

孔子的形象树立为如同天下一般大小的鸣钟，相信赵襄子听完之后，其震撼程度不亚于他的父亲吧。

二

当然，像赵襄子所问孔子怎么就得不到重用的问题，并非不让人感到困惑。也许有的人很想知道，孔子如果被重用了，他究竟能将一个国家治理到什么程度呢？虽然孔子在鲁国也曾官至大司寇，治理效果卓著，但终究时间短促，远没到施展充分的时候。这种困惑是基于对孔子所可能立下功业的追问。作为奠定一个文明根基的圣人，有时反不如秦皇汉武这样的帝王更容易让人承认其地位。因为功业总是比德业更直观，消灭割据、平定中原、一统天下或开疆拓土，这样的风云功业显然更具冲击力。撇开历代帝王不说，即便是与孔子同时代的子产，就有人想拿他来跟孔子一比高下。子产作为郑国卿大夫，在执政期间为郑国建立了巨大的功业，并深受百姓爱戴。季康子对子游说："仁者是爱护百姓的吧？"子游说："当

然。""那也会受百姓的爱戴吧？"子游回答："没错。"问到这里，季康子于是就开始发难，他说："郑国大夫子产去世后，郑国百姓纷纷捐出金银财宝，一个个哭得非常伤心，一直持续了三个月都听不到任何乐曲声。可是孔子去世的时候，我很怀疑鲁国百姓是否爱戴过他。这算怎么回事？"季康子的用意很明显，你的老师比起子产那可是差远了。子游听了不慌不忙地说："将子产与夫子相提并论，就好比是将沟渠之水与天降之水相比。凡沟渠之水所能浇灌到的地方，庄稼才能活得了，浇灌不到的地方就活不了。于是，人们都能深切感受到沟渠之水的重要性。可是人们却忘了，所有人的生存其实都依赖于天降之水。只有天降雨水人们才能活得下去，却没有人感谢天的恩赐。可见，子产之不同于夫子，不过是沟渠之水与天降之水之间的区别。"④其实不光是子产之于孔子是这样，秦皇汉武、唐宗宋祖与孔子相比，莫不如此。多少圣君贤相、明主良臣建立起赫赫功勋，于百姓造福之功亦可谓大矣。但终究如同沟渠之水，历代王朝必须不断地重建和修复，才能济世救民，而这一切

④季康子谓子游曰："仁者爱人乎？"子游曰："然。""人亦爱之乎？"子游曰："然。"康子曰："郑子产死，郑人丈夫舍玦珮，妇人舍珠珥，夫妇巷哭，三月不闻竽瑟之声。仲尼之死，吾不闻鲁之爱夫子，奚也？"子游曰："譬子产之与夫子，其犹浸水之与天雨乎？浸水所及则生，不及则死，斯民之生也，必以时雨，既以生，莫爱其赐。故曰：譬子产之与夫子也，犹浸水之与天雨乎？"（《说苑·贵德》）

【孔子之贤】

233

的可能性都源于天降之水。开辟中华文明的方向，确立中华文明的根基，唯孔子一人而已！这一意思其实在司马迁那里表达得非常清楚了。⑤

像季康子这种鲁莽地拿子产跟孔子相比的做法，也不是没出现过。曾经还有不少人拿孔子的弟子来跟孔子相比，比如有人就曾公开宣称，子贡其实比孔子更厉害。子贡听到这一传闻时表示："这就好比是宫殿的围墙，我这堵围墙只及肩膀那么点高，一般人站在围墙外面，随便这么往里一看，里面装潢得漂漂亮亮的那些东西，就尽收眼底了。可夫子的那堵墙有好几丈高，要是找不到宫殿的大门进到里面去，而只是站在围墙外面随便往里看，则宫殿里那宏伟壮观、金碧辉煌、气派华贵、富丽堂皇之类的景象，都看不到。可惜能够找着宫门进去的人太少了。要那样来说夫子，也没什么好奇怪的。"⑥子贡这话不光可以说给当时的人听，尤其值得说给我们今天的人听。五四以来诋毁孔子的人多矣，无知者无畏，并非所有的人都值得去跟他讲明道理。如子贡所言，孔子就如同日月之明，有人要诋毁，不过是自绝

⑤天下君王至于贤人众矣，当时则荣，没则已焉。孔子布衣，传十余世，学者宗之。自天子王侯，中国言六艺者折中于夫子，可谓至圣矣！（《史记·孔子世家》）

⑥叔孙武叔语大夫于朝，曰："子贡贤于仲尼。"子服景伯以告子贡。子贡曰："譬之宫墙，赐之墙也及肩，窥见室家之好。夫子之墙数仞，不得其门而入，不见宗庙之美，百官之富。得其门者或寡矣。夫子之云，不亦宜乎！"（《论语·子张》）

孔子的生活世界

234

于日月，而于日月何伤。⑦但即便是有心来推崇孔子的那些人，又有多少不过是站在围墙之外，只知道有个高大的形象在眼前，对于里面的景象则一知半解。想推崇得高一些，又不知道高到什么程度合适。今人所谓思想家、教育家、政治家之类的称谓，基本上是皮相之见，属于不得其门的见识。知孔子则知儒家，知孔子则知经学，知孔子则知中国，然若不得其门而入，则不知所云。

⑦叔孙武叔毁仲尼。子贡曰："无以为也，仲尼不可毁也。他人之贤者，丘陵也，犹可踰也；仲尼，日月也，无得而踰焉。人虽欲自绝，其何伤于日月乎？多见其不知量也！"（《论语·子张》）

三

孔子作为圣人，固然有其"天纵之圣"，但成圣之可能性终究根源于每个人自身。孔子绝非是我们要成为的那个人，他不是偶像，而只是先知先觉，是他为我们指明了道路。如何在孔子的指引下更好地实现自身的本性，颜渊表达过这种学习的心路历程。他感慨说："越是仰望越觉得崇高，越是钻研越觉得笃实；明明觉得在前头指引，忽然又觉得在身后点拨。夫子循循善诱，教我学文以广博淹雅，守礼以谨饬收摄。我学着学着就停不下来，竭尽所能

235

投入其中，才觉得也达到了某种超卓之境地，却发现夫子更在高远处。再想追随下去，却已无能为力。"⑧子贡喜欢用天高、海深来描绘孔子的形象，只是留给我们无以企及的印象，颜渊则生动地展现了追随孔子的学习历程，令人无限向往。

⑧颜渊喟然叹曰："仰之弥高，钻之弥坚；瞻之在前，忽焉在后。夫子循循然善诱人，博我以文，约我以礼。欲罢不能，既竭吾才，如有所立卓尔。虽欲从之，末由也已。"（《论语·子罕》）

孔子的生活世界